KB142433

자본과 영혼

자본과 영혼

김영민

글항아리

일러두기

여기 실린 글들은 최근 10년 사이에 쓰인 것이다. 각 글이 쓰인 시점은 본문의 특정 사건들을 통해 알 수 있다.

서문
밟고-끌고

'앎이 지혜가 되도록 하는 길轉識得智'은 좁다. 하지만 이 시대는 좁은 문狹き門, 혹은 좁은 길狹智이 아니면 차라리 걷지 않는 게 나을 정도로 위태롭다. 그래서 비평이 여태 필요한 것이다. 비평criticism은 곧 위태로움criticality의 산물이기 때문이다. 그래도 비평이란 게 오월 비 온 논의 개구리 소리처럼 시끄러우니, 차마 어떻게 지혜를 일구어낼 참인가. 비평적 실천이 지혜에 이르는 길은 오직 한 가지다. 그것은, 자신의 한 발은 과거의 어리석음을 밟고, 나머지 한(반) 발로써 미래를 향해 몸을 끄-을-고 나가는 것이니, 오직 '밟고-끌고踏-蹎'가 있을 뿐이다.

3부 체계를 애도하다

1부

매체의 죄

매체의 죄

통념에 의하면, 휴대전화는 죄가 없다. 그것은 단지 인간이 만든 매체–기계일 뿐이기 때문이다. (소비자가 우리 시대의 왕일진대, 소비의 꽃인 휴대전화에 죄는 무슨 죄?) 휴대전화를 연신 만지작거리느라 동석한 사람을 잠깐 잊거나 무시해도 그것은 휴대전화의 죄가 아니다. 시도 때도 없이 사생활 공간 속으로 침투하는 일방적 접근성과 규제성도 휴대전화를 탓할 게 아니라 오직 사용자의 몫일 뿐이다. 호기심과 눈치로 살아가는 소비자의 변덕처럼, 그 변덕에 응해 파약破約을 돕는 편리한 휴대전화도 죄는 오직 변덕스러운 사용자 개인에게 있다는 것이다.

　　매체 무죄론의 꼭대기에는 이른바 '활인검活人劍'의 논리가 자리한다. 심지어 칼이라도 쓰기 나름으로는 사람을 살릴 수 있다는 논리이니, 지금에야 '애국심에 호소하길 잘하는 불한당'(새뮤얼 존슨)은 감히 '활인총活人銃'이라도 내세울 법하다. 예를 들어 미국의 사회적 현안이 되고 있는 총기규제 입법도, 이민자를 토대로 세워진 강력한 지방자치제 국가라는 역사적 배경, 미국총기협회 NRA의 기득권과 로비 문화, 수정헌법상의 무장할 권리 등에 의해 견제받고 있지만, 이 역시 가장 기본적인 통념은 총이라는 매체-기계 그 자체의 면죄부免罪符일 것이다. '사람만이 희망'이라는 선언의 그림자처럼 과연 사람에게만 죄가 있는 것일까?

인간의 지각이나 신체 능력을 '확대'한 것이 매체라면, 젓가락에서부터 휴대전화를 거쳐 인공위성에 이르기까지 문명의 이기利器 일반은 죄다 매체적이다. 그렇다면 확장이 아니라 '축소'한 것은 어떨까? 이를테면 현재 우리 사회에서도 차츰 도입되고 있는 전자발찌처럼 신체에 대한 규제, 감시, 협착狹窄의 용도로 사용되는 매체-기계를 살핀다면 매체 무(유)죄론에 대한 논의에서 한줄기 빛을 얻을 수 있을까? 이 논의를 더 밀어붙여 고중세의 고문실에서부터 나치의 절멸수용소의 갖은 장치를 거론하게 되면, 이윽고 매체-기계는 그 과잉과 왜곡의 죄악을 실토하게 되는 것일까?

이처럼 그 용도 자체가 문명문화적 진보와 계몽적 관용으로 인해 폐기된 과거의 매체-기계들이라면 사안이 단순해지겠지만, 자동차나 휴대전화나 감시카메라처럼 우리가 나날이 이기利器로서 발명·이용·전파하고 있는 갖은 매체들은 그 진단과 평가를 단순하게 할 수 없다. 기억들 하겠지만, 수년 전 어느 도시에서 치러진 대학 수능시험 중에 꽤 많은 수의 고3 학생들이 휴대전화를 오용해서 부정 시험을 저지른 일이 발각되어 화제에 오른 적이 있다. 이 문제를 다룬 당시의 논단이나 시평에서는 '도덕성'이니 '양심'이니 하는 한결같은 상투어를 들먹이면서 '매체의 죄'에 대해서는 아예 상상조차 못 하는 것이었다.

매체-기계와 사람의 관계는 당연히 일방적일 수가 없다. 철학자 헤겔은 주종主從 관계에서도 서로 되먹히는 상호 영향의 변증법을 밝혔지만, 사회생활의 중요한, 포괄적인 조형력으로 작동하는 갖은 매체들은 이미 일방적인 이용과 조작의 대상으로 머물지 않는다. 자크 엘륄이 말하는 기술의 '수렴 현상'에 의하면, '기술의 영향으로부터 자유로운 인간은 없다'. 사이보그처럼 노골적이진 않더라도 우리 시대의 인간은 이미 매체-인간(내가 흔히 '휴대전화-인간'이라고 하듯)인 것이다. 그런가 하면 이반 일리치는 도구가 일정한 임계점을 넘어 성장하면 그 사용자의 의존, 착취, 무력감을 증가시킨다면서, 한 가지 유형의 도구-매체가 전체를 지배하는 이른바 '근본 독점'을 강하게 경고한 바 있다. 우리가 살고 있는 세계는 전 포괄적 규제력을 지닌 매체-기계들의 견고한 네트워크이며 조직적 시스템이므로, 개인의 능력을 과신하거나 개인에게만 책임을 묻는 식의 논의는 안이하고 비현실적이다.

사실 매체와 사람은 이미 속 깊이 연루하고 있어 한쪽을 뺀채 다른 쪽을 말할 수는 없다. 이런 뜻에서 '매체의 죄'를 물어보려는 것은 발상의 전환이자 논의를 좀더 현실화시키려는 노력이며, 갖은 매체들의 위세가 등등한 문명의 전환기를 좀더 '인간적으로' 살기 위한 지혜의 시작인 것이다.

자본과 영혼

하이힐과
현명한
상처의 종말

한 주에 한 차례씩 강의 차 서울 나들이를 할 때마다, 그리고 내가 잠시 소속되어 있는 어느 여자 대학을 드나들 때마다 각양각색의 하이힐high heel들이 눈에 밟힌다. 혹은, 차라리 눈을 밟힌다. 젊고 예쁜 아가씨들의 미끈하고 허연 다리들은 계절과 무관한 거리의 첨병이 되어 그 무엇보다 '소비자'로 살고 있는 개인들의 시선을 끈다.

관능이 자본주의적 일상을 유도하거나 강화시키는 전위의 풍경이 된 지는 오래다. 특히 여자들의 사회성은 지위, 역할, 기질을 막론하고 모짝 성애화性愛化된 채 양성 간의 풍성하고 호혜적인 상호작용은 돌이킬 수 없이 실그러지고 왜곡되었다. 물론 관능의 상품화나 여성적 사회성의 성애화를 꼭 남성들 탓으로만 돌릴 문제는 아니다. 각종 사회 이슈를 주객 도식으로만 이해하는 태도에서 벗어나 관계나 상호작용, 의사소통이나 체계의 틀거리 속에서 새롭게 사유하려던 학인이 많았던 것처럼, 그것이 반드시 남녀의 이분법적 도식, 혹은 어느 한쪽의 문제로 낙착될 수 있는 것은 아니기 때문이다. 어느 독일 사회학자의 지적처럼, 자본제적 체계 속의 전일적 효과에 떠밀려 남성들이 부패한 만큼 사회적 약자로서의 여성들도 알게 모르게 그 부패의 이면을 드러내고 있는지 모른다.

젊은 여자의 하이힐과 거기에 얹혀 있는 허연 다리를 보는 시선은 단지 어느 한 남자의 사적 관심의 문제가 아니다. 자유도 희망도 내세도 체계의 프레임에 얽혀 있듯이, 하이힐이 번쩍이고 시선이 번득일 때마다 도시의 자본주의는 무죄한 관능의 표정을 띤 채 쉼 없이 복제된다. (그렇다. 핑계는, 얌전하게 복제될 때마다 최소한 대중의 생활 패턴을 깨트리고 돌출하는 폭력은 막을 수 있다는 것이다.) 시선의 욕망들이 체계의 단말기와 일없이 섞이는 그곳은 완벽하게 '무지'한 곳이지만, 한때 (하이힐이 애착하듯이 감싸고 있는) 그곳은 지혜와 자기완성의 징표였다.

하이힐을 신는 게 건강에 좋지 않다는 소문과 소식은 많다. 그래서일까, 발뒤꿈치나 신발의 끈이 압착하는 인대 부분에는 흔히 상처의 흔적이 눈에 띄곤 한다. 문제는 그 흉터의 성격이다. 흉

　　　　　　　　　　　　자본과 영혼

터痕는 워낙 '발뒤꿈치'라는 뜻을 아우르고 있다. 흔痕의 뜻으로는 흉터, 헌데 상처, 자취 등이 잘 알려져 있지만, 사전에도 '발뒤꿈치'라는 항목이 엄연히 한자리를 차지하고 있다. 그러니까 발뒤꿈치의 흉터라는 게 그저 예사의 것이 아니라 이를테면 '흉터의 원형'이거나 어쩌면 인간이라는 삶의 조건이 피할 수 없는 상처라는 뜻일 게다.

그러고 보면 동서양을 막론하고 여러 신화에는 더러 발을 절거나 발에 상처를 입고 돌아오는 인물들이 등장한다. 전형적으로 오이디푸스처럼 발뒤꿈치에 상처의 흔적을 지닌 인물이 나오는데, 이는 이른바 '세상 속을 멀리 걸어다녀본 사람'의 상징으로서 현자賢者를 가리킨다. 여기서 상상을 조금 더 멀리 펼쳐보면, '멀리 걸어다님'이라는 메타포가 사상사의 맥락에서도 널리 원용되고 있다는 데 쉽게 생각이 미친다. 잘 알려져 있듯이 헤겔에서부터 루소와 벤야민을 거쳐 로티나 들뢰즈에 이르기까지 '걷기'의 은유는 현대 사상이 낳은 가장 풍성한 개념의 밑절미가 되었다.

이번 주에도 나는 볕이 진한 고장高陽을 떠나 굽 높은 구두들의 연옥으로 나들이를 나선다. 그리고 그곳에서 수많은 하이힐과 허연 다리들, 그리고 도시자본주의의 욕망과 허영의 증표와도 같은 발뒤꿈치와 인대의 상처들을 보게 될 것이다. 무죄한 그 상처들은 차라리 자본제적 체계의 지령指令이거나 숨겨도 숨길 수 없는 몸의 영수증과 같은 것이다.

걷기가 생활의 알속이었던 때는 끝났다. 오래 걸어다니는 것이, 그래서 발뒤꿈치에 상처를 갖는 것이 그예 현명함으로 이어질수 있었던 시대는 종말을 고했다. 하이힐이 남기는 상처의 흔적은 도시자본제적 욕망과 변덕에 조응하려는 생각 없는―그래서 '자기 생각'뿐인―유행의 비용이다. 과거의 상처가 걷기로써 세상의 이치를 에둘러 깨단하는 현명함이었다면, 하이힐이라는 유행이 복제해내는 "상처는 (외려) 어리석음"(아도르노)에 지나지 않는 것이다.

자본과 영혼

욕하는
여학생들

개개인의 경험에 편차가 심하고 기억에도 나름의 관심과 물매가 있겠지만, 그 경험의 둘레와 공통의 품질에 의해 공유되는 '시대(정신)'이라는 게 있을 법하다. 우리 '시대'에 나는 평균적인 여학생들이 별나게 욕하는 것을 들은 적이 없다. 기껏 '이 머시마야!' 하는 정도에서 멈췄다. 마찬가지로, (이 모든 일도 상호 개입의 이력에 의해 축적되는 것이므로) 우리 쪽에서도 '이 가시나가!' 하는 범위를 넘어서지 않았다.

'요즘 애들은 못쓰겠어!'라는 격언(?)이 유구한 역사를 지닌다고 하듯이, 예나 지금이나 불량한, 기성세대의 표준과 버성기며 제 나름의 일탈을 구사하는 학생들은 끊이질 않는다. 그렇다. 불량성이란 늘 구조적·체계적인 것이며, 비근하게는 상호 개입에 의한 거울상의 효과이므로 욕을 하는 개인을 지목하는 것에서 문제가 종결되진 않는다. 초중등학교 시절 내가 몸담았던 운동부의 안팎에서도 욕은 번창했다. '칠공주파'니 뭐니 하는 전설적인 여학생 왈짜들 사이에서도 입담은 거칠었다. 그러나 대개의 여학생은 드러내고 욕을 하지 않았으며, 말본새가 사복개천인 남학생들조차 여학생들을 향해 거친 입을 드러내진 않았다.

그러나 결정적인 차이는 욕들의 유통 경로였다. 치안police이 워낙 치도治道의 내력을 지니고 있는 것처럼, 욕설도 오다니는 길에 의해서 그 운명이 결정된다. 알다시피 당시의 욕이 나다니는 길은 주로 일차적 대면관계에 국한되었다. 얼굴과 얼굴, 입과 입이 만나는 대면적 상호작용의 너머로는 나다닐 데가 없거나 적었다.

인간 뇌의 발달 과정에서 뉴런연결망의 '내재적 재유입internal reentry'이 결정적으로 중요했다고 하듯이, 욕설의 진화 과정에서도 유통 경로의 내재화가 하나의 분기점을 형성했다. 사형 집행에서 예시되듯이 흔히 '얼굴(눈)을 보면서 죽일 수는 없다'고 하는데, 이는 욕설도 마찬가지이기 때문이다. 청소년 혹은 여학생들의 욕설이 문화적으로 진화하는 과정에서 대면관계의 긴장이나 치안성을 피하고 기분껏 배설할 수 있는 기기機器와 통로를 열어준 것

자본과 영혼

이 주효했다. 이미 장자莊子가 경고한 대로 이기利器의 부작용을 피할 수 없고, 햇살을 즐기면서 그늘을 없앨 도리는 없는 것이다. 어른들과의 대면관계를 체계적으로 회피하고, 치안이 가능한 치도治道를 벗어나 움직이는 아이들만의 세계는 나날이 업그레이드되는 효과적인 기기들과 함께 어른들의 시선을 아득히 벗어나고 있다. 아이들이 구사하는 욕설과 은어는 '내향적 정교화involution'(클리포드 기어츠)의 단계에까지 들어선 것이다.

하루하루가 다른 지금이야 2공간(사이버 공간)에다 3공간(유비쿼터스-스마트 공간)조차 더러 실감이 나곤 한다. 그러나 불과 몇십 년 전만 해도 우리는 동네의 한 곳(주로 만화방)에 모여 TV 드라마를 보고, 교회에 가서야 동년배 여학생들과 얘기를 나눌 수 있었으며, 고3의 끄트머리에 닿아서야 겨우 서울이란 데를 알게 되었다. 1990년대 초, 서울에서 만난 내 학생 중 몇몇은 부산이 경상북도에 있다고 믿었고, 대학에 가서야 처음으로 바다를 봤다는 학생도 더러 있었다. 사정이 이러한즉 당시의 욕설이란 근본적으로 대면적이거나 '로컬'한 현상이었으며, 전일적·체계적으로 모방 욕망을 가동시킬 유통로가 없었다.

당시에는 욕의 유통 경로가 워낙 빈소한 데다 그 진입 비용도 만만치 않았던 게 일종의 정화 장치가 되었다. 먼 옛날, 교회학교의 선생님은 "그런 말을 쓰려면 교회 나오지 마라!"며 나를 꾸짖었고, 나는 이후로 운동부 안팎에서 로컬하게 유통되던 욕설이나 거친 말을 내 혀끝에서 벗겨내느라 애를 썼다. 조지 오웰은 계급의 격차를 냄새의 문제로 풀기도 했지만, 욕설을 포함한 어투나 어휘는 한 계층이나 영역의 실질적인 수호부守護符가 된다. 오르테가 이 가세트가 말한 '대중의 반란' 이후 지식인의 지위 불안status anxiety은 깊어져왔고, 이에 더해서 그들의 '전문성'마저 신매체의 확산에 얹혀 시대의 언어를 석권하고 있는 대중에 의해 의문시되고 있다.

평등사회든 자유사회든 나름대로 계급계층적 구분이 없을 수 없지만, 우리 시대의 새로운 표준어가 되어가고 있는 젊은이들의 욕설은 가히 증상적이다. 인문학을 아예 '매체(개)학'으로 부르자는 제안도 있듯이, 갖은 매체가 존재를 지배하는 세상이다. 과연 '매체는 존재의 닻'(김성기)인 셈이다. 그리고 각종 매체는 자본제적 삶의 단말기로서 무엇보다 모방 욕망의 유통에 충실하다. 그중에서도 욕설은 유통이 빠르며, 전자 매체의 약어略語 구조가 배제하는 서사의 공백을 재바르게 채운다. 기능화된 언어의 요약과 단축은 곧 '사고의 단축'(마르쿠제)으로 이어진다는 주장만으로는 사태의 심각성을 제대로 드러내지 못한다. 언어와 사고의 단축은

자본과 영혼

곧 폭력으로 화하는 경향을 보인다. 그러므로 전자 매체의 약호화된 소통 방식과 언어 폭력 사이에서 어떤 관련성을 찾아내려는 시도는 단지 구세대의 자기방어적 공세가 아니라, 상징화, 서사화의 부재와 공백에 밀려드는 원초적 열정을 지적하는 것이다. 매체는 욕설을 신속하게 전달하는 수단만이 아니다. 그것은 욕설을 생산하며, 풍성하고 긴밀한 이야기의 공간을 새로운 형태의 폭력으로 채운다. 근일 초중고교생 가운데 욕설을 전혀 쓰지 않는 학생은 20명 중 1명에 불과하다는 통계가 나온 바 있듯이, 내가 사는 밀양의 여중생들도 '좆나게' 욕을 해댄다.

상투어, 혹은
대중 시대의 윤리

"그래도 리베이트를 받지 않는 의사가 받은 의사보다는 많겠지요." 어느 방송의 뉴스 앵커가 마무리로 한 발언이다. 그도 '말할 수 없는 현실'을 두고 할 말이 좀 궁했을 것이다. 복거일씨의 지적처럼, 그가 세상사를 좀더 바르고 정확하게 이해하며 전달하려 애쓰는 사람이라면 그런 상투어는 대중을 상대하는 그로서도 좀 곤혹스러웠을 테다. 갖은 대중매체를 통해 접하는 소식들은 대체로 상투적인 틀과 표현 속에 묶여 있다. 튀고 날고 지랄을 부려도, 그것들은 끝내 상투적으로 내려앉게 마련이다. 공급과 수요의 포맷이 대중적일 수밖에 없는, 어디까지나 '대중'-매체이기 때문이다. 그래서 "뉴스의 무의미함과 일회성과 우연성에 의미를 주기 위해 이론가들에게 구원 요청을 할"(부르디외) 때조차 대중매체의 입들은 상투적이다.

술 먹고 뱉은 말이나 꿈속에서 얻은 말, 혹은 베갯머리 대화와는 달리 대중을 향하고 대사회적 가치를 의도한 화용話用은 특히 상투적으로 흐르기 쉽다. 무슨무슨 아방가르드조차 꼬리가 길어지면서 상투화되지 않던가? 그래서 사회화 과정은 늘 동일한 덮개常套 속으로 순치되기를 요구한다. 그런데 상투어의 전형은 '일부 몰지각한 사람들……'이라는 말버릇 속에 그 알짬을 숨겨놓고 있다. 몰지각한 사람은 그저 우리 사회의 일부에 불과하다는 지적이 그 자체로 상투적이라는 것만은 아니다. 이러한 판단이 수많은 사회적 발언을 상투화시키는 전제前提로서 깔려 있다는 뜻이다.

이런 뜻에서 상투화는 기성 체제와 질서를 수호하려는 보수적 움직임의 외투가 되기 쉽다. 그리고 기후와 풍토라는 총체적 여건이 바뀌지 않는 한 스스로 외투를 벗긴 어렵다. 실은 버릇이 된 틀常套은 바로 그 틀이 감춘 속살에 대한 두려움과 내통한다. 사태의 이면이나 심층을 오히려 두려워하는 것은 차라리 다반사다. 대중과 대중매체의 호기심이 오락가락하는 곳도 부담스러운 진실이 숨은 곳은 아니다. 그 진실의 외곽을 습관처럼 때리면서 그 진실을 더 공고하게 숨기는 짓이 곧 상투화인데, 이런 상투화의 대중적인 형이상학이 바로 '그래도 리베이트를 받지 않는 의사가 받은 의사보다는 많겠지요' 식으로 언급되는 상식들이다.

　대중에 대한 지식인들의 구애는 환상적이지만, 지식인에 대한 대중의 냉소는 극히 현실적이다. 그러나 대중매체를 통해 자신을 표현하거나 입신하고, 이를 통해 규제, 규정당하며, 또한 대중매체를 통해 특권적 지식인층에 성공적으로 반란反亂해온 대중은 자신들만은 결코 '일부 몰지각한 이들'이 아니라는 오인을 시대의 양심이자 세속의 종교처럼 붙안고 있다. 가령 '당신이 하면 불륜, 내가 하면 로맨스'라는 우스갯소리는 이 같은 총체적 허위의식의 단면을 최소 단위에서 잡아놓은 셈이다. 일부 몰지각한 시민들만이 지하철 성추행을 일삼고, 일부 몰지각한 교수들만이 표절을 일삼고, 일부 몰지각한 국민만이 신성한 병역 의무를 회피하려고 꾀를 부리며, 일부 몰지각한 남편들만이 아내에게 폭력을 행사하고, 일부 몰지각한 의사들만이 제약회사들로부터 리베이트를 받는다는 상식은 소비사회의 대중이 신봉하는 마지막 윤리이자 형이상학이다. 이러한 상식의 바탕 위에서, 진실로부터 자신들을 수호하려는 이들이 탐닉하는 상투어들은 현란한 조화造花처럼 만개한다.

남자들은
다 어디에 있을까?
(1)

내가 학교 밖에서 지속해온 몇 개의 인문학 모임은 매회 공지에 의해 자발적으로 이합집산한다. 이럭저럭 20년에 이르는 모임도 있고 근년에 생긴 것도 있다. 어느 지역을 근거지로 삼지 않는 전국구(?) 모임인 데다, 정해진 회원도 없으며, 남녀노소를 가리지 않고, 지역과 전공과 관심에서 일매지게 하나의 갈래로 모아지지도 않는다. 그동안 갖은 모임을 꾸리면서 내내 흥미로웠던 사실은 회집할 때마다 마치 무슨 섭리나 음모(!)라도 있는 양 참석하는 남녀가 대개 반반씩으로 고르게 나뉜다는 것이었다.

내가 관여했던 모임들에서 그 성비가 차츰 깨지면서 한쪽의 빈 곳이 현저해지기 시작한 것은 2005년경부터였던 듯하다. 이후론 해마다 신입하는 남자들이 줄거나 서서히 떨어져나가고, 그 빈

자리를 여자들이 채워나갔다. 남자와는 사뭇 다른 사회적, 상호작용적, 혹은 정서적 태도를 지닌 여자들이 대거 유입되면서 인문학 공동체는 그 제도나 문화만이 아니라 성분이나 체질 자체가 재구성되는 변화를 겪어왔다. 인문학의 본령을 생각한다면 성비가 과도하게 한쪽으로 쏠리는 게 불행이긴 하지만, 여자들의 전면화는 인문학적 감성과 가능성의 은폐된 지역을 도드라지게 하는 효과를 부리기도 했다. 널리 알려진 서울의 '수유-너머'(고미숙)도 그렇지만, 부산의 '백년어서원'(김수우), '인디고서원'(허아람), '연구모임a'(권명아), '헤세이티'(변정희) 등등 지역사회에 뿌리를 내린 성공적인 인문학 학술 모임/공동체에서 여성들의 열정과 수완, 근기와 우애의 저력도 눈여겨볼 만하다.

　2011년 봄, 내가 꾸리는 모임 중 하나인 '시독時讀'의 밀양 지역 모임이 있었고, 전국 곳곳에서 찾아든 후학이 20명 정도 있었는데, 마침내 그 20명은 모짝 여자들이었다! 내색은 안 했지만 공부 모임만으로 '산전수전 공중전'을 다 겪은 나로서도 조금 민망한 감이 없을 리 없었다. 그러나 나는 전부터 '여자 인문학'이라는 개념을 골똘히 공글리며 인문학의 미래를 가늠해왔고, 변덕스러운 시세時勢를 붙안고라도 공부는 계속되어야 하므로, 이 같은 여성화의 추세에 각별히 유념하면서도 크게 개의치 않기로 했다.

그렇다고 하더라도, 그 많던 남자들이 다 어디로 갔는지, 다 어디에 있는지 하는 것은 단지 개인적으로 궁금한 문제일 뿐만 아니라 우리 사회의 구조적 변동과 그 추세를 엿볼 수 있는 징표라는 점에서 매우 중요한 관심거리가 아닐 수 없었다. 그런가 하면 근자에 각종 시위 현장에서 여자들의 참여가 동뜨게 높아진 반면 남자들은 찾아보기 어렵다는 보도가 있었다. "과거와 비교해 집회에 참여하는 여성이 늘어났기 때문에 더 눈에 띄는 것뿐"이라는 하나 마나 한 소리를 뱉고, "여학생들이 사회문제에서 주도적인 역할을 하면서 집회에서 더 많은 것처럼 느껴질 수 있다"거나 "여성들이 전면에 나서지 않아서 기록되지 않았을 뿐 갖은 역사의 전환점에서 여성들은 꾸준히 참여해왔다"는 식으로, 구조적 사회 변동 차원에서 여성들의 전면화를 인정하지 않는 분위기다.

　　남자들은 취업 준비를 하거나 술집에 갔다고들 한다. 한때 신림동 아이들이 주중에는 고시 공부를 하다가 주말에는 에로 비디오를 본다고 하듯이 말이다. 그러나 여자들이 준비하고 담당하는 사회적 구조 변동의 가장 중요한 징표는, 떠나간 남자들이 영영 돌아오지 않을 것이라는 진단 속에 온전히 들어 있다.

남자들은
다 어디에 있을까?
(2)

얼마 전 대구에서 강연을 열었더니, 아니나 다를까, 강연장을 빼곡히 채운 이들은 모짝 여자들이고 남자 청중은 기껏 5퍼센트에도 미치지 못했다. 이런저런 인문학 운동이나 모임과 관련해서 최근 10여 년에 걸쳐 꾸준하게 변화하는 성비性比는 우리 사회가 겪어가는 사회구조적 변동의 단면을 드러내는 현상으로서, 이후의 정신문화적 추이를 살피는 데 매우 중요한 지표가 될 법하다. 나는 다른 지면에 이 지표를 해석하는 글을 두어 편 기고한 적이 있지만, 여기 이 글은 같은 주제를 완전히 다른 맥락과 틀거리에 얹어, 이러한 추이 아래에 복류하는 욕망의 변증법을 슬몃 엿보려고 한다.

근자에 경남대와 한남대의 철학과 폐과 문제가 잠시 대중의 관심을 끈 적이 있지만, 대체로 '강남'(한강 이남)의 인문학과들은 전통적으로 도도했던 그 이름의 가치나 위상에 걸맞은 효력을 얻거나 대접을 받지 못하고 있다. 인문학 활동의 분포를 따지는 중에 '대학의 안쪽은 망하고 있고, 대신 바깥쪽은 의외로 흥하고 있다'는 기별들이 부박하게 떠돈다는 사실은 누구나 들어 알 것이다. 이 같은 논평은 일견 시태時態에 얼맞은 지적으로서, 관심 있는 관찰자나 참여자라면 누구라도 이와 관련해서 한두 마디 거들 수 있는 정보나 소문을 지니고 있을 것이다. 하지만 이것은 매우 중요한 변별점을 생략한 채 두루뭉술하게, 그리고 굳이 일매지게 대별한 일반론에 불과하다. 즉, 여기에서도 '여자 문제'가 빠져 있으며, 인문학적 활동과 제도 안팎에서 공히 여전히 기세를 부리고 있는 남성 지배 구조를 제대로 반영한 분석에 이르지 못한다.

근대화의 정신문화적 초석처럼 단단히 제도화된 채 대학에 얹혀 설렁설렁 지내오던 인문학과들이 서서히 몰락해가는 것에는 다 아는 대로 복합적인 원인이 있다. 그리고 그 원인들에 대해서는 다시 괜한 설명을 끄집어낼 필요가 없을 만치 논의와 분석과 처방들이 구구했고 또 구차했다. 인간 멸종의 종말론적 아우라를 풍기는 진단이 있었는가 하면, 모든 것을 이명박씨의 잘못으로 몰아가려는 성마른 환원주의도 있었다. 그러나 남자와 여자의 변화하는 삶의 양식에 주목하고, 이것을 우리 사회의 거대한 구조 변동에 대입시켜 그 원인을 읽어내려는 노력은 썩 드물었다. 물론 이 희귀함은 일종의 증상일 것이다. 증상이란 게 어떤 타성적 외면과 소외를 참지 못해 치고 올라오는 심층의 지표라고 말할 수 있다면!

앞서 말한 대구 강연의 말미에 늘 하던 것처럼 질문 토의 시간을 벌였는데, 여러 질문자 중에서도 불과 5퍼센트에도 미치지 못했던 남자 청중 가운데 한 사람이 던진 질문은 무척 흥미로웠다. 나는 강연 중에, 전술한 것과 같은 논의를 펼치면서 이른바 내가 새롭게 조형하고 있는 '여자 인문학'의 개념을 설명하곤 했는데, 그의 질문은 이것을 꼬투리로 삼은 것이었다. 그는 우리 시대에 정작 불쌍한(?) 존재는 오히려 남자들이며…… 등등으로 이어지는 서론으로 포석을 깐 후, 대학 안팎에서 인문학 공부의 현장을 떠나버린 남자들을 어떻게 하면 다시 불러올 수 있을지를 물어왔다. 그리고 그는 자신의 질문을 고쳐, '인문학은 대체 어떻게 다시 남자들을 구제(?)할 수 있는가'라는 문장으로 압축했다.

내 답변은 간단하고 투박했다. "(인문학은) 여자들을 구제하기에도 벅차고 바쁩니다!" 물론 이 답변은 그의 질문을 얼마간 패러디한 채로 에둘러 간 것이었고, '인문학이 인간을 구제한다'는 식의 논변 자체에도 적지 않은 문제가 있겠다. 그러나 내 논점은 여자든 남자든, 그 무엇을 살리는 것은 인문학이 아니라는 사실이다. 그리고 한때 남자들이 떼 지어 인문학을 소비했고 또 적시에 다른 곳으로 떠나갔듯이, 남자들이 떠난 자리를 역시 떼 지어 채우고 있는 여자들도 그것을 얼마간 소비하다가 필경 또 다른 곳으로 떠나갈 것이라는 예측이다. 어쩌면 우리 시대의 인문학은 정신문화적 자존심의 얼굴마담, 혹은 어떤 정화된 욕망의 매개 정도에 불과할지도 모른다는 사실이다. 결국 그 무엇을 살리는 주체는 사람이며, 그 사람들이 자신의 사적 욕망과 허세를 위해 인문학을 겨끔내기로 이용하고 있을 뿐인지도 모른다는 사실이다.

자본과
사랑은
경/결합하는가?

인류 역사를 통으로 살피는 절대적인 평가는 불가능하지만, '어울려 살기'가 곳곳에서 새로운 궁지로 내몰리고 있는 것은 외면할 수 없는 현안이다. 이념 갈등이 식는가 했더니 종족 갈등이 분출하고, 계급 갈등이 옛일인가 싶으면 부富를 계층화한 신新신분제가 맨망스레 암약한다. 우리의 경우에는 60년의 분단사 속에 외틀리고 버성긴 자매 형제들의 어울려 살기조차 요원하며, 사회적 재부財富에 비해서 놀랍도록 남성 중심적인 터에 여자와 남자의 어울려 살기도 먼 길이다.

화이부동和而不同의 공동체적 지혜를 유실한 근대 국가의 자생력은 부득불 '통합'에 기댈 수밖에 없(었)다. 종교나 정치 이데올로기가 그런 용도로 쓰이고, 도덕과 관습도 실은 내용과 무관하게 통합적 통치에 유용하다. 알다시피 이런 통합용 장치들이 그 수명을 다하거나 내파되면서 자유와 분열의 시속時俗은 끝 간 데 없다. 그것이 개성이고 그것이 창의력이고 그것이 진보의 일종으로 호도되기도 한다. 가령 '녹색 성장'이라는 말처럼, 지혜도 성장주의 코드로부터 뒤처지면 먹히지 않는다. 얼핏 박정희식 성장주의의 환상이 통합의 기제로는 수명을 다한 듯도 싶지만, 신성장주의의 트기들은 여전히 그 위세가 등등하며, '관료화와 합리적 성장주의라는 점에서는 좌우가 같다'(베버)는 지적처럼, '성장, 더 성장, 또 성장, 새로운 성장'이라는 이념에는 동서남북이나 신구의 차이가 없는 듯하다.

그러나 통합의 이념으로 작동하는 자본제적 성장주의에도 빈틈은 있다. 왜냐하면 성장의 환상이나 그 수확의 이익만으로 다양한 인간 군상을 섞사귀게 만들 수는 없기 때문이다. 이 경우, 성장의 이익에 대한 청사진은 물론이거니와 이른바 그 수확의 '분배 정의'로도 현명한 통합을 약속하긴 어렵다. "공동 작업의 이익만으로 인간을 결속시킬 수 없으므로 리비도를 통해 묶어야 한다"(프로이트)는 권고처럼, '사람은 빵만으론 살 수 없고 사랑의 말씀에 의지해' 살 수밖에 없기 때문이다. 등 따시고 배부른 뒤에도 사랑의 결속을 통해서야 비로소 섞사귀면서 생산적으로 통합

될 수 있는 것이다. 그러므로 내셔널리즘에서 사이비 종교의 교주에 이르기까지 '사랑'은 아교처럼 성장과 분배의 건축이 남긴 틈을 메운다.

그러나 문제는, 자본의 틈을 메우려는 사랑이 제 기능을 하지 못하거나 거꾸로 자본에 예속돼간다는 점에 있다. 국내외를 가리지 않고 근년의 이혼율이나 동거 풍속은 혼인이라는 제도 자체가 고장났다는 사실, 사회적 통합력으로서의 구실에 구멍이 생겼다는 사실을 알린다. 이슬람권 국가들이나 북한 등을 빼면, 국가조차 일종의 기업으로 변신한 지금 거의 유일한 사회통합적 기제는 자본의 포괄적 규제력뿐인 듯싶다. 종교도 자본과 경합하지 못한 지 오래되었다. 제도권 인문학은 차라리 국가와 기업의 지배를 반기는 눈치다. 혼인 제도와 사랑의 문화는 말할 것도 없이 자본제적 체제의 변명이자 장식으로 변신에 변신을 거듭하고 있다.

이 자의와 방종의 세속 속에서 어울려 살기의 지혜는 어디로부터 올까? '자본주의 체제는 합리성의 구현'(베버)이며, "개인의 열정은 위험하지만 경제적 이익을 추구하는 것은 단순하고 안전한 것"(앨버트 허시먼)이라는 진단에 맡기는 것으로 충분할까? 아니면, 한물간 패션 같은 종교와 이데올로기를 헤치고 이미 자본의 하수인이 된 사랑을 건져내야 하는 것일까?

강박强拍인가,
가공加功인가?

배부른 자가 현실적으로 관후해지는 경향을 보이고 배고픈 자는 헛것까지 본다는 사실은 '충족'을 향한 인간의 무서운 집념을 증거한다. 실로 사적 욕망과 쾌락의 충족이 보장된다면, 나머지는 거의 모든 게 용납되거나 방임되기도 한다. 가령 경국지색傾國之色의 고사들이나 사이코패스의 범죄들은 남이 갖지 못한 욕망에 맹목적으로 올인하는 충족-기계들의 사례다. 욕망의 촉수와 쾌락의 점착력은 전방위적으로 자신을 고집한다. 인간사의 거의 전부가 어쩌면 욕망의 주석註釋이라고 해도 좋을 정도다. 어리석음의 대표적인 현상인 퇴행이나 고착Fixierung은 실은 모두 쾌락의 문제다. 그래서 해석과 판단은 자주 이해利害의 수렁에서 허우적거리고, 도덕은 한갓 질투와 불안의 겉포장이 되며, 정치적 실천마저 사적 원망의 충족으로 기운다.

그러므로 애초의 '충족체험Befriedigungserlebnis'은 원형적인 가치를 갖는다. 이후에도 이 체험을 좇아 욕망이 움직이기 때문이다. 한편 충족을 향한 욕망은 차마 집요하기도 한데, '헛것'이라는 말처럼 현실적 충족이 어려우면 환각에라도 의지하기 때문이다. 원칙적으로 욕망 충족의 동기를 없앨 순 없다. 금욕은 누구나의 것이 아니며, 대중적 윤리학은 모짝 '절욕節慾'을 말할 뿐이다. 그러므로 욕동慾動은 때로 거칠고 낯설며 심지어 반사회적이기도 하지만, 그저 억압하거나 가공할 수 있을 뿐이다. 그래서 자연을 억압, 가공, 재배치할 뿐인 문명 / 문화의 성격은 늘 타협적, 미봉적이다.

아마 이를 예시하는 데 성욕과 사랑의 분별만 한 것도 찾기 어려울 것이다. 알다시피 성욕은 그 자체로 정교하게 가공되기 어려운 충동이다. 에두르기조차 쉽지 않다. 그것은 야생 살쾡이의 눈앞에 생선을 놀리면서 점잖게 기다리라고 권하는 것만큼이나 어렵다. 정녕 '강박적'인 것이다. 이는 내적 강제에 의해 추동되는 피할 수 없는 행태인데, 대체로 가공과 연기延期를 참지 못하고 직접적이며 빠른 해소와 충족을 요구한다. 성폭력 일반이 그런 것이고, 지하철 성추행이 그런 것이며, (프로이트의 설명처럼) 대개 성욕의 외피를 띠고 있는 죽음충동 또한 그런 것이다.

자본과 영혼

강박에 대척되는 행태를 일러 '가공Bearbeitung'이라고 부를 수 있다. 쉽고 거칠게 가르자면, 강간으로 대표되는 성욕의 강박을 문화적으로 변형, 타협, 가공한 게 바로 사랑이요, 그 제도적 장치가 혼인이다. 물론 (도덕주의자가 아니라고 해도) 사랑/혼인을 성욕과 등치할 수는 없다. 그러나 성욕이 전제되지 않는 사랑/혼인의 제도는 불가능한데, 후자는 전자의 에너지를 합리적으로 재분배한 문화적 진화의 결과물이기 때문이다. 그러나 문제는, 강박적 성욕이 반사회적으로 흐르기 쉬운 데 비해 혼인의 가공加功은 가공적架空的이라는 데 있다.

문명/문화는 늘 타협과 미봉의 사잇길에서 바장일 수밖에 없다. 그래서 예민하고 과감한 이들 중 일부는 이 규제를 참지 못한 채 사고를 친다. 이들은 '자연'에 박진한다고 엉너리를 치지만 그 비용은 더러 치명적이다. 어쨌든 자연(성)에 근접할수록 외려 강박적이거나 폭력적으로 흐르고, 과도한 문화주의는 문화文禍와 가공架空을 낳게 마련이다. 이를테면 정신병과 신경증의 차이, 시詩와 산문의 차이, 은유와 환유의 차이, 예언자와 사제司祭의 차이, 아나키스트와 관료의 차이 등등은 다 그런 것이다.

문명과 문화의 꼴을 갖추고 살 수밖에 없는 우리 삶도 이러한 틀 속에서 움직인다. 자연성을 빌미 삼아 강박적으로 흐르는 것도 지속 가능한 삶의 형식이 아니며, 더러 반사회적으로 빠진다. 그렇지만 가공과 타협의 미봉책으로만 만족하는 짓도 유일회적 삶에서 바람직한 꼴은 아닐 것이다. 어쨌거나 요점은 각자의 삶의 형식을 강박/가공이라는 분법에 의해 살피고 따져보는 일이다. 인생 행로에서 큰 밑그림을 놓고, 각자 '가지 않은(못한) 길'의 가능성을 새롭게 톺아보는 것이다. 그래서 개인의 창의와 실험정신을 꽃피우면서도 이웃과 더불어 살아갈 수 있는 실천적인 지혜를 얻는 일이다.

실내화室內化의
괴물들

문명의 비용은 청결의 후유증에서 그 중요한 일부를 볼 수 있다. 그 후유증은 도시라는 실내화室內化의 미끈한 풍경이 감춘 곳, 바로 그 풍경의 한 뼘 아래쯤이라면 넉넉히 널려 있다. 가령 19세기 초중엽까지만 해도 증상적 진단이 가능한 질병이었던 노스탤지어가 어느덧 사라진 것, 혹은 아파트 공화국으로 변신해버린 남한에서 아토피라는 질병이 유행하고 있는 것은 결국 인간의 거주공간이나 장소적 이동의 여건이 변화한 탓인데, 실은 이것들도 모두 실내화 현상, 그리고 그 후유증과 관련된다.

실내화는 가깝게는 자본제적 산업화와 직결되어 있다. 산업은 근본적으로 실내를 채우는 인위人爲이거나, 혹은 '실내처럼' 채우는 인위人僞에 다름 아니기 때문이다. 도시화된 거주공간의 내부를 고르게 채울 수 있는 물건들의 대량생산은 오직 산업화로만 가능해졌고, 자본주의적 교환 공간 일색으로 변한 도시는 특별히 실내화를 통해 서로 질투하고 서로 흉내 내면서 실내 속으로 물화되어간다. (그러므로, 여담이지만, 내가 자본제적 체제와의 창의적 불화의 방식으로 강조해온 '산책'이란 곧 탈脫-실내화이기도 한 셈이다.)

벤야민은 개성이 패턴으로만 드러나는 시장에 대한 대응책으로 등장한 당대 부르주아 개인들의 '실내화 환상'을 말한 바 있다. 그러나, 예를 들어 이러저러한 실내를 갖춘 아파트를 사라거나, 아파트의 실내를 이러저러하게 채우라는 근년의 뻔뻔하고 저급한 광고물들에서 보듯이, 이미 '장소'(에드워드 렐프)가 되기에는 너무 철저하게 물화된 공간으로서의 아파트 실내는 결코 시장에 능동적으로 대응하지 못한다. 아파트야말로 20세기 자본주의의 총화이며, 가족이 놓인 자리가 오히려 시장이 아니고 무엇이겠는가? 꿈도 자본주의로 꾸고, 저승조차 자본주의로 식민지화할 것!

자본제적 삶의 양식이 소유, 교환, 물화 등속에 결절되어 있다면, 실내화야말로 자본주의적 태도가 수렴되는 특유한 방식이다. 그러므로 가정을 성역화聖域化한 것이 오히려 자본주의라는 사실을 찬찬히 되새겨볼 일이다. 이 점에서, 19세기 유럽의 도시 아케이드화는 인류의 실내화 역사에서 한 분기점을 이룬다. 그것은 자본주의적 도시화가 나아갈 행로의 필연적인 한 단계인데, 근년에 공상과학 영화 속에서 흔히 등장하는 지구 전체의 아케이드화 역시 그 행로가 품고 있는 음울한 묵시록의 결구結句가 아닐 수 없다. 어떻게 보면, 이미 지구적 화근으로 떠오른 온난화 현상이야말로 실내화로서의 자연화, 혹은 자연화로서의 실내화라는 인류 최종의 이데올로기다.

특히 21세기의 한국인으로서 주목해야 할 실내화 현상은 단연 청계천 복원이며, 이 점에서 이명박 정권이 명운을 걸 전 국토의 운하화運河化 역시 예외가 아니다. 청계천 열광의 배후에는 도시가 시골을 낳아놓을 수 있고 문화가 자연을 재생산할 수 있다는 도착된 문화적文禍的 자신감이 자리한다. 그것은, 다시 벤야민의 지적처럼 시골을 파노라마 형식으로 도시 속으로 휘감아 들인 것이며, 기 드보르의 비판처럼 시골을 상업주의적으로 스펙터클화한 자본주의적 기교와도 같은 것이다.

(좀바르트의 고전적 분석이 있기도 하지만) 사치품의 실내화라 할 만한 현상은 서양의 경우 15~16세기를 지나면서 돌이킬 수 없이 틀을 잡았고, 18세기 조선에서도 특별히 청나라로부터 수입해 들인 각종각양의 사치품들로 실내를 장식하는 경화사족京華士族

들에 대한 질책과 선망 섞인 논의가 분분했다. 그러나 세습적 신분이나 가풍과 무관하게 이루어진 보편적 실내화 현상은 역시 자본제적 삶의 양식이 전일화됨으로써만 가능해진 것이다.

실내화란 곧 실내의 사치화이자 소유화인데 그것은 외부(자연)의 배제와 인위적 조작으로 가능해진다. 그러나 가장 무서운 일은, 자연의 희생으로만 가능해지는 그 실내화를 자연으로 여기게 될 괴물들의 출현이다.

2부

영혼은 어떻게 생기는가

십자가에
못 박다

자신의 존재와 그 가치를 증명하는 방식은 천차만별일 게다. 물론 지금은, 돌이킬 수 없이, 돈이다. 돈이면 거의 모든 미인을 벗기고, 거의 모든 신神을 호출하며, 부모도 죽이고, 대통령도 만들며, 미소와 영혼도 판다. 전통적으로 남자들은 적든 많든 권력(지배력)을 추구하며, 이로써 자신의 삶을 증명하려고 애써왔다. 대체로 권력의 매력은 맹목적이어서 커지면 이를 견제할 장치나 상위 규준이 없다시피 했다. 권력은 세속의 실질적인 헌법이며, 윤리의 블랙홀을 이룬다. 권력을 홀로 장악하기 위해 형제들을 죽이는 일은 다반사였고, 친부는 물론 제가 낳은 자식들까지 죽인 경우도 적지 않다. 그런가 하면, 사회적 약자의 삶을 견뎌온 여자들은 주로 개인의 매력에 의지해서 남자들의 권력망 속을 약빠르게 운신해왔다.

　체제적 권력과 개인적 매력으로 나누어 자신을 증명하던 관례는 특히 근대사회의 직업적 분화와 전일적 자본주의를 거치면서 종횡으로 나뉘고 서로 얽혔다. 이 와중에 엉뚱하게도 권력과 매력의 일치가 자본제적 삶의 여러 형식 속에서 기형아처럼 탄생하기도 했다. 문화권력이니 상징적 지배니 매체 효과니 과시적 절제conspicuous abstention니 하는 현상들은 지난 시대의 이데올로기적 범주들이 설정한 도식으론 이 세속의 흐름과 그 물매를 제대로 해명할 수 없다는 징표일 게다. 물론 거기에도 돈이 들어가 있다. 돈은 돌이킬 수 없이, 전방위적으로 살과 핏속까지 침투하여 모방욕망과 인정투쟁을 지배한다. 심지어 조상과 유령의 경우를 막론하고 망자亡者를 달래며 애도하는 방식에도 돈이 핵심적인 기제로 작동한다.

　세속의 풍경은 어지러울 정도로 다양하고 번란하다. 그러나 그 풍경은 모짝 '상품-풍경'으로 되먹히고, 과거의 사회를 신화적 지평이 둘러싸고 있었듯이 지금은 환전換錢 시스템이 보이지 않는 신처럼 자리한다. 이처럼 영혼(안)과 돈(밖)이 사통, 심지어 직통하는 체계 속에서 개인이 자신의 존재와 그 가치를 증명하고 인정받는 절차는 왜소해진다. 게다가 증명과 인정에 욕심이 얹히는 순간 왜곡되기 일쑤다. 그래도, 아니 그래서, 내남없이 돈으로써, 물질적인 성취로써 자신을 증명하려고 애쓴다. 친구나 형제, 심지어 부모를 죽이는 짓을 가능케 했던 과거의 권력이 이제는 자본의 장場 속으로 옷을 바꿔 입었다. 하루가 멀다 하고 돈 때문에 사람이 상하고 죽임을 당한다.

이런 처지에, 참으로 기이한 죽음 – 죽임이 하나 있었다. 2011년 5월 17일, 문경 교외의 외진 산비탈, 어느 채석장에서 한 남자가 자신을 십자가에 못 박아 죽였다. 그렇다. '자신이 자신의 몸에 못을 박아 죽(었/였)다.' 자살의 형식 자체가 불가능해 보이는 괴이한 사건으로 잠시나마 매스컴의 주목은 대단했다. 죽기 전의 언행을 찬찬히 살피면, 2000년 전 팔레스타인의 어느 외진 곳에서 십자가에 못 박혀 처형당한 사람과 스스로를 동일시하려는 혐의가 짚인다. 성실하고 집심 있는 삶의 형식을 통해 이룬 일관성의 끄트머리에서 자연스레 찾아오는 죽음은 너무 시시했던 것일까? 영영 신神이 될 수 없었던 자가 죽음의 형식을 통해 그 환상을 갈무리하려고 했던 것일까?

그는 이 기괴한 죽음의 방식으로써 무엇을 말하려 했던 것일까? 모짝 돈으로만 존재를 증명하는 이 세속에서 이 남자는 이 전대미문의 방식으로 목숨을 끊어 무엇을 증명하려고 했던 것일까?

그는 그저 현실에서 퇴박맞고 자기환상에 지핀 한갓된 종교도착주의자宗敎倒錯主義者에 불과했던 것일까? 삶이 이루지 못한 것을 죽음(자살)으로써 한판의 뒤집기를 역설하려 했다면 그는 실패했을 것이며, 그것은 그 끔찍한 형국과 더불어 더욱 당연한 결말이다. 마치 평생 동안 완악한 이기심으로 재산을 불린 구두쇠가 임종을 앞두곤 전 재산을 모모한 기관에 희사하여 세간의 이목을 모은 것으로써 그의 삶을 되돌릴 수는 없듯이, 죽음의 사치를 통해 삶의 빈곤을 일거에 보상할 수는 없다. 그의 죽음 앞에서 몰려든 경악과 경외敬畏의 감정을 말끔하게 나누지 못하면서도, 나로서는, 삶의 힘과 그 일관성으로써 십자가에 못 박혀야 했던 것이지, 스스로를 십자가에 못 박는 죽음으로써 삶을 구원하려고 하진 말았어야 했다고 판단할 수밖에 없다. 그러므로 그가 증명하려던 것은, 그것이 무엇이든 불가능한 것! 다만 그 실패를 통해, 이 그로테스크한 자살이 남긴 사회적 후유증의 어느 한 갈래를 통해, 돈이 지상의 모든 것을 증명하는 세속 속에서도 여전히 소수의 사람은 제대로 이해받지 못하는 열정과 동경으로써 사람됨의 형식을 만들어간다는 사실만큼은, 그 한 꼬투리만큼은 드러낸 것이 아닐까.

자본과 영혼

4·3의
윤리학

시인 고은이 어느 글에서 "제주도의 단기 여행자들은 그곳의 파노라마만을 보고 오는 건달에 지나지 않는다"고 타박한 게 1970년대 초였다. 장기 체류자였던 시인의 평가에 의하면, 제주도는 아름다운 곳이 아니라 무서운 곳이며, 그 역사는 제주도 자체에 의한 역사가 아니라 착취당하고 탄압당해온 역사였다. 이제 자본제적 삶에 온전히 포섭당한 이곳 제주도의 인상은 '유적流謫된 자들의 사치스러운 풍경론'에서부터 여행자 건달들의 소비주의에 이르기까지 오직 역사를 잊고 다만 풍경을 소비하는 관광 건달들의 놀이터가 되었다.

　내가 맨 처음 제주도를 찾게 된 일은 초청 강연 때문이었다. 20여 년 전, 제주대학에서 열린 무슨 인문학 포럼의 한 꼭지를 맡아 참석하게 되었던 것. 일정을 마치고 저녁을 먹은 후 나는 숙소 인근의 골목길을 노량으로 바장이다가, 그 낯설고 이국적인 풍경에 마음이 쏠려 길게 배회하던 중 길을 잃고 말았다. 마침 주변에서 작은 가게를 발견하고는 주인인 듯한 노파에게 내 사정을 알리고 도움을 청하려 했다. 그러나 나는 채 5분이 못 되어 낯설고 황당한 느낌에 휩싸인 채 그 가게를 빠져나오고 말았다. 4·3 사건을 다룬 오멸 감독의 「지슬」(2012)이 한국 영화이면서도 자막(!)을 달고 상영되듯이, 나는 통역 없이는 도무지 그 노파의 제주어濟州語를 알아들을 수 없었던 것이다. 제주는, 그리고 4·3은 내게 그렇게 다가왔다. 그곳은 내가 익힌 한국어로는 제대로 소통할 수 없는 이국異國이었으며, 그 상처의 역사는 내 시선이 건져올리는 풍경으로는 소외될 수밖에 없는 타자였다.

　이 조그마한 사건은 내게 제주도에 대한 원형적 외상과 같은 것이었다. 아무리 문고리를 쥐고 흔들어도 열리지 않는 굳게 닫힌 문처럼, 그 노파의 탐라 말耽羅語은 북인北人, 혹은 '육지 것'들이 영영 알 수 없을 수백 년, 수천 년 묵은, 은결든 상처의 기억을 숨기고 있는 '저편'의 증상이었다. 그렇게 4·3 사건은 내 문제의식의 지평에 뒤늦게 찾아왔다. 내가 4·3 사건의 진상을 꽤나 늦게 접한 일은, 이를테면 박정희가 한때 다카키 마사오高木正雄로 불렸으며 만주군관학교와 일본육사를 졸업한 만주군 중위였다는 사실에 늦게 노출된 일과 마찬가지의 사연 및 경위였다. 3만 명에 가까운 민간인을 학살한 이 희대의 참극이 수면 아래에 잠복해야 했던 것은 한마디로 그것이 이후의 건설을 위한 '주춧돌'을 놓는 것과 같은 사건이었기 때문이다. 무릇 주춧돌은 확실하게 착근着根해서 감추어놓는 게 요령인 것이다.

종교학자 엘리아데의 보고에 따르면, 고대 지중해 지역에서 행해진 인신공양제의 한 가지 사례로 '건축공양'이 있었다고 한다. 신전神殿 같은 대규모 건축이 시작되기 전에 행해졌으며 심지어 목수장木手丈의 아내를 공희供犧로 바치기도 했다는 것이다. 서양철학사의 유구한 전통의 바닥에는 소크라테스의 공양이 있었고, 세계 최대의 종교 체제(집)가 지어지기 위해서는 예수의 젊고 깨끗한 피가 남김없이 흘려지며 또 그것이 의례 속의 포도주로 변질되거나 실내화(망각)되어야만 했듯이 말이다.

해방 공간의 혼탁하고 비루한 권력의 생성과 재배치 속에서 제주도민의 3분의 1이 학살당한 사건은 친일·독재 권력의 집(정권)이 지어지기 위해서 뿌려진 희생공양이었고 마녀사냥의 잔치였다. 이승만, 박정희, 전두환, 노태우를 거쳐 이명박과 박근혜에 이르기까지, 만약 어느 정권이라도 친일의 흔적과 독재의 구조를 지니고 있었다면, 바로 거기가 4·3의 윤리학이 태동하는 지점인 것이다. 그런 뜻에서 4·3은 5·18과 마찬가지로 단지 지나간 역사가 아니라 현재의 윤리가 된다.

그렇게 4·3은 유채꽃을 즐기며 둘레길을 걷고 있는 이들에게 풍경의 너머를 주문한다. 역사 속에서 현재의 윤리학을 찾아내고, 실천하라고 요구한다. 풍경은 다만 기원(역사)을 숨기는 게 아니다. 느끼고 소통하고 공부하며 늘 자신의 존재를 문제시하는 그 모든 사람에게 역사의 진실을 알리는 증상이 된다. 눈물처럼, 한숨처럼, 나은 삶을 위한 기약처럼, 오직 미래의 소송訴訟으로부터 올 수 있는 희망처럼.

'인체신비전',
미래에서 찾아온
범죄

생체실험으로 악명 높은 일제 관동군 731부대에 관한 야사夜事가 전하는 귀신 이야기 한 토막. 어느 건물의 지하 동에는 인간 신체의 장기와 부위들을 해부한 채로 병에 담아 전시한 곳이 있었는데, 그중에는 근육 표본의 일부로 어깨부터 손톱까지 온전한 팔이 하나 있었다. 그런데 그 팔의 주인인 중국인 마루타는 용케 그 건물의 청소부로 얼마간 연명했고, 자신의 팔이 담긴 용기를 지날 때마다 한동안 그 앞에 우두커니 서서 '내 팔我的手臂!'이라고 짧게 탄식하곤 했다고 한다. 얼마 후 그 불행한 사내는 자살로 생을 마쳤는데, 이후 그 표본실 일대에서는 그가 죽은 시간만 되면 '내…… 팔!'이라고 외치는 그 외팔이 사내의 호소가 종전終戰까지도 되풀이되었다는 것.

예수의 죽음으로 신비화, 낭만화된 십자가 처형은 애초 근동 지방에서 지하의 신들을 위한 희생제의의 방식으로 쓰이던 것이었다. 그것은 워낙 고대의 유산으로 극형 중의 극형이었다. 이 형벌은 중대한 범죄일 경우 로마 시민들조차 가리지 않아, 그 형벌의 치욕을 강조했다. 사계의 권위자인 마르틴 헹엘의 설명에 의하면, 십자가 형벌이 노린 최고의 가치는 그 시신을 매장할 수 없다는 사실에 따른 수치감의 대중적 공표公表였다. 예수는 운이 좋아 아리마대 사람 요셉의 호의로 매장되었다고 기록되어 있지만, 그 저주받은 나무arbor infelix에서 숨이 끊어진 시체들은 대체로 들개나 새들의 먹이로 주어진다. 요체는, (바타유가 몇 차례 상설한 바 있듯이) 고중세인들의 경우 시신을 적절히 매장하지 못하는 일의 치욕과 슬픔은 우리 현대인들이 영영 이해할 수 없는 성격이라는 것이다.

서구 자유주의의 이론적 건축가의 한 사람인 로크는 홉스와는 달리 자유주의의 근간을 소유권에 둔다. 즉 "권력은 가능한 한 한 사회의 전 구성원의 재산을 보호하기 위한 것"(『통치론』)이다. 물론 자기 신체의 자기소유권은 그 핵심에 해당된다. 소유권의 확보와 유지로 귀결되는 자유주의는 결국 자본주의의 길과 상통하는 것으로, 이는 기껏 절반의 성공이었다는 사실이 근현대사를 통해 아프게 증명된 바 있다. 그런데 바로 그 자본주의의 끝물에서 이른바 '신체 포기 각서'가 횡행하거나 자기 신체 일부가 거래 대상으로 처분되거나 공익公益의 이름 아래 자기 시신마저 공적으로 가공되는 일이 비일비재한 현실은 또한 역설적이다. 결국 로크나 그의 동료들이 서구 자유주의의 토대로 삼은 신체의 자기 소유권은 바로 그 자유주의의 역설에 의해 자가당착에 빠진다. 이젠 더 이상 사회적 약자와 빈자들의 신체가 십자가에 달리지는 않는다. 그러나 그들의 신체는 자본주의와 기술주의가 비도덕적으로 합류하는 곳곳에서 새로운 위험에 직면하고 있다. 그 몸들은 제멋대로 분배되고, 팔리고, 전시되는 것이다.

'인체신비전'이라는 이름의 첨단 광기가 유통되고 있다. 전국적으로, 아니 전 세계적으로 팔리고 있다. 교양과 신비라는 이름 아래 호기심에 얹힌 구경꾼들을 인체 백화점으로 끌어모으고 있다. 인간의 신체들을 전시 가치Ausstellungswert로 환원시켜 상품화하고 있는 것이다. 보시라이薄熙來의 애인이었던 장웨이제張偉傑의 실종 사건에 의해 환기되기도 했지만, 전 세계적으로 인체를 공급받아 이를 실험용이나 전시용으로 가공, 제작하는 업체들의 불법성을 따지는 논의만으로 문제가 마무리되진 않는다. 오히려 관건은 인체조차 소비 대상으로 여기는 대중의 호기심이다. 한때 마녀라는 사회적 약자의 화형을 앞다투어 관람했던 그 인간들은 조금도 바뀌지 않는다. 만물의 상품화 과정을 통해서 자본주의가 그 외부 없는 탈제국의 제국을 석권했듯이, 리 호이나키나 자크 엘륄의 지적처럼 기술주의의 전일적·몰정치적 수렴성은 삶의 근원적 조건인 땅과 몸의 한계를 곧잘 잊고 기술 제국주의로 치닫는다.

조르조 아감벤은 푸코나 아렌트를 잇는 생명정치적 논의의 맥락에서, 현대 주권 권력의 근본적 행위가 '벌거벗은 생명을 아무런 매개 없이 정치에 노출시키는 것'이라고 정리한다. 20세기에 들어 가능해진 정치와 과학기술의 완벽한 조응에 의해 이른바 '새로운 시체' '심층 코마 환자' '거짓 생명체' 등이 예외의 공간 속에 등장하게 되었다는 것이다.

요체는 '인체신비전'이라는 그 풍경의 전후 혹은 그 과거와 미래에 놓여 있다. 과거의 문제는 절대적 타자/약자로서의 인간의 시체, 혹은 시체가 된 인간이 물건, 상품, 스펙터클로 물화된 채 영영 자신의 권리를 유린당한다는 사실이다. (거꾸로, 도시의 24시간화로도 사라지지 않는 그 숱한 '귀신 이야기'들은 바로 그 절대적 약자의 권리를 복권하려는 대중적 욕망의 서사화인 것.) 미래의 문제는 '인체신비전'이라는 형식이 품은 그 잠재적 범죄성에 있다. '인체신비전'은 미래에서 찾아온(올) 괴기스런 범죄의 흔적

자본과 영혼

으로, 교양이나 신비라는 풍경의 틀 속에 묶여 있는 그 모든 구경꾼을 공범의 시야 속으로 내몬다. 미래에서 찾아온 이 범죄의 징조는 미래로 다가서는 우리의 운명이다. '죽어도 죽을 수 없는 시체들의 공화국!'

죽임의
윤리

'오징어 맨손잡기 축제'라는 게 있었던 모양이다. 설악산 대명 리
조트(2011년 8월 19일), 속초 장사항(7월 30일~8월 7일), 울릉도
(8월 초순), 구룡포(8월 6~7일) 등지에서 마치 짝패들이 상호 모
방이라도 하듯 '레저 활동'이라는 이름 아래 쫙 퍼진 것이다. 수영
장에, 혹은 펜스를 쳐서 차폐시킨 해변에 부러 오징어를 잡아넣은
다음 호객의 미끼로 삼는 것인데, 소문이나 번듯한 일간지 기사
를 보고 찾아온 전국의 레저–관광객들이 붐벼 제법 쏠쏠한 재미
를 봤다고 한다. '게임'의 요령은, 입장료를 지불한 사람들이 물속
을 헤집고 다니면서 겁에 질려 내몰려다니는 오징어들을 깜냥껏
잡아내는 것이다. 잡은 오징어는 현장에서 회를 쳐서 (처)먹고, 득
의만만한 웃음 속에서 즐거운 한때를 보내게 하는 것이다. 더러는

다른 어종을 혼입混入해서 (결국은 잡아 - '죽이는') 그 재미를 더 한다고 한다. 그러니까, '죽임의 게임'인 셈이다.

　'게임'이 자본에 먹혀 산업으로 둔갑한 지는 오래되었다. 놀이와 달리 게임에는 욕망의 과정을 차단시키는 절제와 여유의 미학이 없고, (레저) 산업에 편입된 게임은 세속적 욕망을 쉼 없이 복제, 재생산하는 기계적 과정을 통해 자신의 허족虛足을 끝없이 부풀린다. 발화자와 청자를 동시에 살리고 그 관계 분위기를 고양시키는 게 유머라면, 자신을 예외적으로 특권화한 채 나머지 전부를 일방적인 시선 - 폭력 아래 폄시하는 게 냉소인데, 이를테면 놀이가 일종의 유머와 같은 것이라고 할 때 이 시대의 게임은 한결같이 (열정적) 냉소의 형식을 취한다.

　냉소는 죽임의 근원적 형식이다. 냉소가 유머와 달리 자기 자신만을 예외로 삼는 ('개입'이 아니라) 엿보기의 양식인 것처럼, 어떤 개입의 틀 속에서 어울리면서 서로의 의욕을 활성화하는 놀이와 달리 근년의 게임이란 모짝 엿보기의 일종이다. 엿보기는 그 자본제적 변용인 소비자적 구경과 함께 이른바 '동정적 혜안empathy'을 잃어버린 태도를 말한다. 대량학살범이나 연쇄살인범에게서 엿보이는 공통된 태도는 단연 감정이입의 부재라고 알려져 있지만, 바로 이것이 모든 것을 상품화, 물화物化시키는 소비자적 태도와 그리 멀지 않다는 사실은 흔히 놓친다.

　이미 모든 것을 살 수 있는 세속이지만, 사지 말아야 할 것들이 있다. 그리고 사지 말아야 할 것들을 상품의 바깥에 모시고 키우는 배려야말로 종교나 인문학적 감성이 간수해온 지혜의 알짬이다. (물론 종교와 인문학이 상품화에 견결한 저항의 마지노선을 유지하지 못하고 있다는 사실은 천하가 다 안다.) 아무튼 사는買 것은 결국 죽이는 것이지만, 자본제적 상품권圈 속에서는 '산다/ 죽인다'는 것을 '좋아한다'는 말로 연성화해서 고쳐 말하곤 한다. 그래서 닭이나 주꾸미를 좋아한다는 것은 닭이나 주꾸미를 튀겨서 죽인다는 뜻이며, 강산江山을 좋아한다는 말은 그곳을 훼손하겠다는 뜻이고, 좋아하는 사람에게 위해危害를 가할 가능성이 가장 많은 이는 역시 좋아하는 사람이다. 하루도 남을 죽이지 않곤 살 수 없는 게 인간이다. 고등어와 돼지를 죽이고, 오리와 도롱뇽을 죽이고, 더덕과 양파를 죽인다. 남을 죽여야 우리가 산다고 하더라도, 최소한 그 죽임의 방식에서나마 인간다움의 노력과 예의가 있어야 하지 않겠는가? '생명에의 외경'(슈바이처)이야 귀신 씻나락 까먹는 소리라고 여겨도, 생명을 놓고 게임을 벌이는 짓은 그만두어야 하지 않겠는가? 이 '사람'들아!

고기 한 점이
곧 윤리다

소(광우병)와 새(조류 인플루엔자)로 인한 소동이 이어지고 있다. 그러나 그 어떤 어리석은 자가 이를 두고 단지 '소와 새의 문제'라고 일축할 수 있을까? 이 경우 소와 새는 대상이나 항목이 전혀 아니며 오히려 일종의 지점至點이나 수위水位인데, 말하자면 미래로부터 밀물처럼 다가올 어떤 위험의 예보이자 징조인 것이다. 마치 '안전한 섹스safe sex'가 어떤 근본적인 질문들을 영영 묻지 않고 감추듯이, '안전한 소고기/닭고기'의 확보로 귀결되고 마는 시민사회적 저항 역시 정작 물어야 할 질문들을 숨긴다.

　병든 소와 새를 솎아내고 안전한 먹거리를 확보하자는 논의의 일차원적 이기심에서 벗어나는 순간 소와 새는 그 역사성과 장소성의 맥락을 다시 얻게 된다. 그리고 그 상호 관련성의 맥락 속에서야 비로소 인간들은 병든 소와 새를 지목하던 그 어리석은 손가락을 꺾어 자기 자신을 가리키게 된다. '풍부하고 안전하게!'라는 슬로건 아래 사상되는 문제와 억압되는 물음은 인류 대다수가 당연시하고 있는 생활양식을 의제화하는 순간 다시 표면 위로 떠오른다. '변산 주꾸미 축제'가 주꾸미를 위한 것이 아니고 '마산 전어 축제'가 전어를 위한 것이 아니라는 분명한 사실에 대한 단순한 자각은 '주꾸미와 전어를 안전하고 풍족하게 먹자!'는 슬로건이 은폐한 문제들을 다시 묻는 열쇠가 된다.

'안전한 섹스' '안전하고 값싼 소고기 / 닭고기' '맛있고 값싼 쭈구미 / 전어' 등의 일차원적 계몽주의의 맹목성은 일부 독일 학자들의 표현을 빌리면 '목적합리적 – 도구적' 차원에서만 움직이는 자본제적 삶의 태도에 특징적인 것이다. 기껏해야 그것은 자본제에 얹힌 군중적 인간das Mann들이 자신들의 이기심을 돌보는 행태나 장치에 불과하다. 로빈슨 크루소의 세상이 아니라면, 굳이 해석학적 논의를 들이대지 않더라도 기술Be-schreibung은 곧 평가Be-wertung일 수밖에 없을 터, '안전하고 값싼 소고기 / 닭고기'는 다만 어느 특정 먹거리에 대한 객관적 기술이 될 수 없다. 그것은 세속과 그 인습에 대한 제 나름의 평가이며, 기성의 자본제적 체제에 얹혀 있는 방식이고, 동료 인간들을 포함한 뭇 생명을 대하는 삶의 태도일 수밖에 없다. 언어를 삶의 양식에 결부시키거나 심지어 인간 존재성의 내적 조건으로 치는 사상가가 적지 않지만, 실은 '말하는 일' 못지않게 '먹는 일'도 극히 중요한 정치사회적 함의를 지닌다.

"인간은 그가 먹는 것Der Mann ist was er ißt"이라는 포이어바흐의 유명한 말이 회자되고 있지만, 그것은 그저 유물론의 단면을 지적하는 데 그치지 않는다. 여러 형식의 인문주의자들로부터 종교인들, 그리고 세속에 드러나지 않는 수도자까지 그들이 걷는 양생과 성숙의 길은 '먹는 일'을 살피고 가리는 데서 시작된다는 사실은 잘 알려져 있다. 개인의 존재윤리적 차원을 살피거나 혹은 사회생활의 기본을 다스린다는 의미에서라도, '안전한 섹스'와 '안전하고 값싼 소고기/닭고기'에 대한 방법how을 따지기 전에 섹스와 고기에 대한 좀 더 근본적인 가치why-물음들이 선결될 수밖에 없는 것이다.

류영모나 함석헌, 김흥호 등이 '일식주야통一食晝夜通'을 말하는 경지에까지 이르렀다는 사실을 이 고기-지랄知剌의 세속은 영영 이해할 수 없다. 호이나키나 니어링 등 몸의 영성과 화해를 말하는 모든 사람이 그 나름의 음식문화, 음식정치를 매개로 그들의 삶을 재배치, 재구성하는 이유는 오직 실천의 뒷맛 속에서만 응집

한다. 그 깡마른 몸매로 물레를 돌리면서 서구 식민 제국주의 삶과의 단호하고 생산적인 결별의 상징이 된 간디는 인간의 열정이 그 구미口味의 향방과 직결된다는 점을 여러 차례 강조한 바 있다. "Passion in man is generally co-existent with a hankering after the pleasures of the palate."

나는 일식一食을 하면서, (마치 숨쉬기가 목-숨으로부터 발바닥-숨으로 낮아진다는 호흡법의 이치처럼) 음식을 입으로 먹는 데서 벗어나 그 상호작용의 현장은 위胃나 몸氣으로 낮아지고, 이윽고 '음식-들이기'를 타자와의 관계 속에서 실천하는 길을 배웠다. 옛사람은 '밥 한 그릇 속에 진리가 있다'고 했거니와, 섭생은 곧 정치의 시작이니 (자연 그 자체가 윤리가 된 세상 속에서) 쌀 한 톨, 고기 한 점이 윤리다.

영혼은
어떻게 생기는가?
(1)

영혼이 공평하게 주어진다는 생각은 널리 퍼져 있다. 감히 경상도 사람들의 영혼이 조금 모자란다거나, 혹은 평안도 사람의 영혼이 조금 붉다는 식으로 생각할 수는 없을 게다. 이런 식의 공평성은 필경 인간의 문화제도적 성취 중 일부로서, 보편성을 주장하려는 그 모든 제도에 필수적이다. 무릇 보편성을 내세우는 시스템은 제 나름의 공평한 전제를 갖추려고 하지만, 특히 종교나 유사 종교적 제도들은 대체로 영혼, 혹은 영혼스러운 것의 균등한 토대에 터해 있는 법이다. 그래서 양심이나 영혼 등은 원리상 균등하게 주어진 것이라고 여긴다.

공부를 제법 많이 한 이들 중 일부는 '영혼'이라는 말 자체를 거부하기도 한다. 혹은 니체식의 태도를 본받아 이 말을 가급적

쓰지 않도록 조심한다. 사실 이들의 비판적 입장에는 눈여겨볼 만한 쓸모가 있다. 영혼이라는 무거운 말 속에 이윽고 정착한 인류의 지적·영성적 모색에도 배울 바가 있지만, 이 말을 우회하려는 노력 속에도 참신한 고민의 흔적은 역력하다. 대략 분류하자면, 우리 주변에는 영혼이라는 말을 매우 무겁게 사용하는 이들이 있는가 하면, 재롱 부리듯 가볍게 놀리거나 혹은 아예 이 말의 용법에 담을 쌓은 이들도 있다.

내 제안은 이 둘에다가 또 하나의 길을 덧붙이는 것이다. (이후의 전개는 지면은 작지만 생각은 길어 다소 독단적으로 쓸 테니 그리 아시길 바란다.) 이 문제에 대해 내가 뚫으려는 길은, 영혼이 있지도 않고 그렇다고 없지도 않다는 얘기와 같은 것이다. 영혼이 없다는 말은 전통적인 종교신학적, 혹은 민간신앙적 통념에서 조금 비껴서 보자는 뜻이다. 인간의 삶의 양식과 그 일상에서 완벽히 동떨어진 채 공짜로 주어져 '있는' 그런 것은 아니어야 한다는 뜻이다.

내게 있어 영혼이 있다는 말은 그것이 쉼 없이 생성된다는 뜻이며, 설명의 요점은 그 생성의 여러 방식과 창의적 실천에 있다. 내가 체험(!)하는 그 첫 방식은 우선 '감사' 행위와 관련된다. 그러나 감사를 한 사람은 그걸로 끝이고, 감사를 제대로 받은 사람도 제 몫을 챙겼으니 영혼에 관한 한 별 볼일 없다. 영혼은 늘 감사받지 못한 데서 생기는데, 그 부족不足을 아무도 모르게 삼켜버린 것이 알속이다. 욕망을 삼켜버린 데서 무의식이 자리 잡듯이, 그 감사의 빈곤을 넉넉히 삼켜서 만들어낸 것, 그것이 바로 영혼의 젖줄이다.

그런가 하면 특히 이 자본제적 세속 속의 영혼은 '변명'의 행위와 관련된다. 왜냐고? 자본주의를 포함한 권력 체제 일반은 꼭 변명의 시스템이기 때문이다. 변명은 해명도 설명도 공명共鳴도, 그리고 사람의 숙명도 아니다. 흔한 말처럼 불안이 아니라 변명이 영혼을 갉아먹는다. 해명도 설명도 하지 못하는 체제, 공명을 얻지 못하는 체제, 그리고 그 모든 변명을 숙명으로 강요하는 체제는 죄다 영혼이 없는 사물이다. (그러나 정성은 '사물'에게도 영혼의 기색을 보탠다!) 자기변명을 삼켜버리는 아득한 실존의 빈 곳, 빈 곳에서 영혼의 지하수가 방울방울 솟는다. 이른바 '사회적 영혼'이란, 바로 이 방울방울들이 서로를 알아보는 행위인 것이다.

그러니 지금도 억울함으로 목 놓아 우는 이들은 밖을 향해 소리를 높이는 한편, 자신의 속이 변해가는 기미를 살펴야 한다. 말해도 닿지 않음, 울어도 풀리지 않음, 위로받아도 당치 않음 속에서 생성되고 있는 또 다른 영혼의 씨앗을 살펴야 한다. 말해도 닿지 않음으로 말해야 하고, 울어도 풀리지 않음으로 울어야 하며, 위로받아도 당치 않는 무연無然함 속에서 바로 그 위로의 너머에서 생성되고 있는 다른 영혼의 자화상을 응연히 살펴야 한다.

주어진 영혼이 아니라 생성되는 영혼과 더불어 자신의 삶을 조형하려는 길은 꾀바른 우회로가 아니다. 치유 허무주의 therapeutic nihilism가 아니다. 각박한 현실을 봉쇄하는 낙도주의樂道主義의 현대판도 아니다. 명상, 고백, 도도한 자기성찰만이 영혼에 기여하는 게 아니다. 외려 그같이 오연한 자기를 깎는 속에서야 어렵사리 영혼은 생긴다.

영혼은
어떻게 생기는가?
(2)

생명의 진화사에 인간 정신의 탄생을 존재의 변곡점으로 여기려
는 학인이 많다. 의식의 연원과 그 성격을 묻는 물음은 인류학에
서부터 과학철학을 거쳐 뇌과학에 이르기까지 인간을 탐색하는
모든 이의 궁극적 관심으로 집약되는 듯하다. 모든 것은 입자이
고, 모든 것은 수數이고, 모든 것은 언어적인 것이고, 모든 것은 허
무이고, 모든 것은 인연생멸因緣生滅하고, 모든 것은 자본주의이고,
또 '모든 것은 어떤 것'일 때, 인간의 정신과 인격이야말로 이런 종
류의 등식이 성립되지 않는 질적인 타자로서 초월적 아우라를 풍
긴다. 다윈도 피에르 샤르댕도 후설도 이 의식의 사건을 찬탄하
며, 바로 이곳에서 생명사의 존재질서ordo essendi가 도약하거나 변
곡점을 이룬다고 강조한다.

현대의 철학사와 사상사는, 이미 니체를 필두로 수많은 학인이 다양하고도 적절히 예시했듯이, 인간의 의식이 고정불변의 실체가 아니라 여건에 조응해서 변화하는 역사적−수행적 과정이라는 자각에 얹혀 있다. '일이 있어야 비로소 마음이 생긴다事來而心始現'고 하지 않던가. 실로 변화하지 않는 것은 없는 것이다. 오직 '무상無常할 뿐이며 무상無相할 뿐이고 무주無住할 뿐'이다. 인간의 (자)의식이 가없는 생명사의 진화과정에서 발생한 질적 타자이며 결정적 도약이라고 한다면, 똑같은 논리로 이 자의식의 역사적 추이를 전망하려는 것은 당연한 논리적 귀결이다. 30억 년간 생명사의 복제권을 독점해온 DNA가 어느새 새로운 복제자인 밈meme에 의해 밀리고 있지 않은가. 사회문화 현상의 일체를 기호 논리로, 심지어 시뮬라크르simulacre로 해설하는 게 낯설지 않고, 천체물리학계의 일부에는 우주 자체를 일종의 모형simulation/fake으로 상상하는 일이 제법 진지하게 탐색되고 있기도 하지 않은가.

우주에 영원한 것은 없으니 새로운 변화와 새로운 도약을 모색하거나 상상하는 일은 외려 자연스럽다. 그래서일까, 옛말에도 '공부하는 사람이라면 한곳에 머물지 않고 세상의 변화에 응해 움직인다君子與世推移'고 했다. '경이 중의 경이'(에드문트 후설)인 인간의 의식이 '5억 년간 운동이 내면화되는 과정에서 이루어진 일

종의 도약'(박문호)이라면, 군이 보편적 진화론Universal Darwinism
을 끄집어내지 않더라도 제2의 (정신적) 도약을 상상하는 것 역시
마땅히 자연스럽지 않겠는가? 나는 '영혼은 제2의 도약'이라고 말
하려는 게, 그래서 이미 내가 선점先占했다고 여기는 자리를 설핏
드러내려는 게 전혀 아니다. 나는 마치 언덕 너머의 바람기를 느
끼듯이 어떤 도약의 기미를 읽을 뿐이며, 이를 일러 지나가는 말
처럼 '영혼'이라고 부른 것일 뿐이다.

영혼은
어떻게 생기는가?
(3)

이는 아무 과장스러운 언사가 아니다. 변덕 속에, 이동 속에 이 시
대의 정신Zeitgeist이 있다. 과장이 아니라 오직 혼성모방과 키치와
스펙터클과 경쟁적 쏠림 속에 이 시대의 문화가 있다. 과장이 아
니라 오직 매스컴으로 조직화되어가는 변명과 그 '변명의 자기되
먹임'(아도르노) 속에 이 시대의 양심이 있다. 과장이 아니라 초등
학생 로미오들과 초등학생 줄리엣들 사이에서 돌아다니는 한 뼘
깊이의 호의好意와 변덕 속에 이 시대의 영혼이 있다. 우리 시대의
영혼은 자신의 존재를 이처럼 초라하고 왜곡되게 드러낸다. 자본
과 자본 사이에서 여름날의 솔개그늘처럼 잠시 머물다가 사라진
다. 자본과 욕망의 중력들이 정신을 포집捕集해서 나누어 지배하
고 다시 멋대로 흩어놓은 자리들 사이사이에서 민들레 홀씨 같은

자본과 영혼

영혼의 싹이 숨 가쁘게 부스대며, 부사적으로 헐떡인다.

　'성급한 사람의 말은 많다躁人之辭多'고 했다. 실로 우리 시대의 모든 사람이 언거번거하고 언죽번죽하게 말한다. 남녀 구분 없이 겨우 지성Intellekt으로 전락한 우리의 정신Geist을 치면하게 채우고 있는 수다야말로 영혼의 도정에서는 가장 손쉽게 알아볼 수 있는 지표다. 왜냐하면 결국 정신의 밝은 쪽에는 (도구적) 지성이 행진하고 있으며, 그 유현幽玄한 곳에는 (선택적) 영혼이 춤을 추고 있기 때문이다. 인간의 정신사에서 수다의 가치는 이중적이다. 통합적 시간의식과 더불어 언어성Sprachlichkeit이 인간의 신경망을 조율하게 된 것이 인간만의 이차적 – 상위 의식이 생성된 배경이라는 사실을 기억한다면, 언어 매체로 빠르게 주고받을 수 있는 상호 소통 능력은 인간 정신의 정화精華를 드러낸다. 영국의 심리학자 로빈 던바의 주장에 의하면 애초 언어의 주된 기능은 수다 떨기gossiping였으며, 이 경우 수다는 사회성이 높은 유인원의 털 고르기grooming 활동을 대체하는 효과를 갖는다는 것이다. 사회적 동물은 집단의 내적 소통과 유대를 유지할 수 있어야만 제 함양껏 살아갈 수 있는데, '털 고르기 → 수다 → 휴대전화'로 이어지는 소통과 종합의 형식은 인류의 문명문화사의 추이를 단면적으로 압축한다. 한편 수다는 원념怨念처럼, 그러나 훨씬 미니멀하게 집중을 방해하고 영혼이 얹혀 자라는 정신의 묘맥苗脈을 갉아먹는다. 그것은 모종의 탐닉이거나 성급함이거나 어수선함이다.

오직 (인)문학적으로 설명하자면 영혼은 인간이라는 정신적 존재가 집중을 통해 거듭 '불러서' 생긴 것이다. 부름이란, 낭송이나 집중과 같이 인간 정신이 응결되어 창의적인 변신을 추동하는 제반 과정을 말한다. (우주란, 그 무엇보다 상상할 수 없는 게 생긴 곳이며 영원할 듯했던 게 모짝 사라져버린 곳을 말한다.) 물론 불러서 생겨–버린 가장 대표적인 존재가 신神들이다. 이는 신을 '환상'(프로이트)이나 '투사'(포이어바흐)로 여기려는 관행을 답습하는 게 아니다. 개념(청사진)에 의해서 생활(건물)이 새롭게 생겨나는 것처럼, 운동하는 생각만으로 2할 가까운 근육의 변화가 생겨나는 것처럼, 친부가 아니라 친모의 경우 자식의 위기를 알리는 텔레파시가 현저히 잦은 것처럼, 특히 시계, 동전, 혹은 그릇 등의 매체를 통해서 인간과 사물의 교감이 확인되어왔던 것처럼, 조식調息이 조심調心과 조신調身을 아울러 묶어주는 것처럼, 그리고 수많은 심인성psychosomatic 증상들이 이미 상식이 된 것처럼, 부름은 인간의 정신을 통해 미래를 물질화한다. 물론 여기서도 궁극적으로는 불이不二의 이치가 작동하고 있다.

'다변삭궁多辯數窮'(노자)이라고 했다. '말 잘하는 자 외려 위태하다佞人殆'고도 했다. '말이 다 끝나지 않았는데 말하는 것을 조급하다고 한다言未及之而言 謂之躁'(『논어論語』)고 했다. 한마디로 조급삭궁의 처지야말로 미아迷兒처럼 헐떡이는 우리 시대 영혼의 정처 없는 꼴이 되고 말았다. 언어라는 놀라운 인간 정신의 자기표현에도 명암이 있다는 사실은 오래전부터 알려져온 것이다. 짐승은 본능으로 외계에 대처할 뿐이며, 본능에 의해 파악되는 짐승들의 외계에는 별스런 '불확실성'이나 섬세한 복잡성이 없기 때문에 느낌의 차원이 계발될 필요가 없었다. 느낌feeling은 본능적인 네 가지 F 반응—도주flee, 싸움fight, 잡아먹음feed, 교미fuck—을 넘어서 다섯 번째 F인 것이다. 이런 뜻에서 이른바 '천재 침팬지'들은 모조리 과장된 현상이다. 인간은 느낌의 차원을 거쳐 상징적 조작과 언어의 매개를 통해 타자나 외계에 반응하고 교섭한다. 언어적 차원에서 인간이 이룩한 성취의 변곡점은 개념concepts인데, 개념의 가장 중요한 특색은 심리적 사상事象과 달리 인간 개체의 마음으로부터 자립하(려)는 속성이다. 플라톤의 이데아에서부터 칼 포퍼의 '3세계', 보드리야르의 시뮬라크르, 리처드 도킨스나 수전 블랙모어의 밈에 이르기까지 개념, 혹은 개념복합체는 유사한 변화의 패턴을 보인다. '인간은 죽지만 아이디어는 살아남아 퍼진다 The humans die but the ideas spread'(유발 하라리)의 지적은 이미 상식이 된 것이다.

중요한 것은 이 상식이 상식으로 머문 채 그 함의가 충분히 개진되거나 실천되지 않고 있다는 점이다. 인간성Menschlichkeit과 그 정신성Spiritualität/Geistigkeit이 언어성Sprachlichkeit과 뗄 수 없이 얽혀 있다면, 어차피 지체될 수밖에 없는 몸에 비해 급속히 앞서 달아나는 문화적 진화 속 언어성의 상태는 인간 정신의 미래를 예시像示할 표지가 될 법하다. 정신이 언어와 더불어 외화外華한다면, 정신이 내정內精해가는 이치를 우리는 영혼이라는 어법과 실행을 통해 상상할 수 있는 것이다. 이는 종교적, 형이상학적 도그마의 테두리 속에서 인간의 덧없는 자아를 영속시키려는 연역적 교시教示가 아니다. 제행무상諸行無常과 제법무아諸法無我의 이치를 이제사 뒤엎으려는 게 아니니, 그저 '우주는 변화이며 인생은 의견일 뿐'(마르쿠스 아우렐리우스)이라는 상식에 의거한 상상이다. 인생에 관한 한 모든 것은 삶이므로, 비록 영혼의 존재를 증명할 도리는 없지만, 영혼을 생성시키고 보우保佑하는 삶의 양식을, 정신의 양식을 선택할 수는 있다. 그리고 그 양식의 매우 중요한 일부는 말을 어떻게 돌보는가 하는 데 있는 것이다.

영혼은
어떻게 생기는가?
(4)

1. 생명체 중 유일하게 자기초월의 좁은 길에 들어선 인간의 삶과 죽음에서 '영혼'의 자리는 어떻게 갱신될 수 있을까? 영혼은 현재를 지배하는 과거의 것이 아니며, 또한 이미 주어진 것이 아니다. 영혼은 인간의 운명과 함께 나날이 움직이고 있는 현실이다. 그것은 생성되어온 것이며, 생성되고 있고, 필시 생성될 것이다. 그것은 인간이라는 진화론적 경이를 미래화할 수 있는 단 하나의 매개다. 집중이든 달인 – 성인의 변증법이든, 혹은 영혼이든, 인간의 가능성이 차츰 드러나는 순간, 마음 – 몸이라거나 창조론 – 진화론이라는 사이비 문제틀은 허물어질 것이다.

2. 인간의 영혼이란, 비유하자면, 의식적 존재인 인간이 자신

의 의식을 사용하며 이웃과 외계와 관계를 맺고 살아가는 중에 그 의식이 어떤 '형식'을 통해 압축적으로 잉여화된 것이다. 예를 들어 낭독 역시 그 과정에 이바지할 수 있는 하나의 매개다.

3. 의식은 '육체를 벗어나려는 진화적 움직임'에서 결정적인 사건이었다. 플라톤이나 포퍼 등이 시사했듯이, 개념처럼 심리적 혼돈과 변덕으로부터 상대적으로 독립된 '사이버한' 존재들은 이 사건의 중요한 결절일 것이다. 마찬가지로 인간의 영혼을 '육체를 벗어나려는 진화적 움직임'에서 또 하나의 결정적인 사건으로 여길 수 있다. 의식도 영혼도 모두 '육체를 벗어나려는 진화적 움직임'이긴 하지만, 다만 영혼은 육체만이 아니라 심지어 의식의 자의적인 우여곡절로부터도 벗어나려는 탈물질화의 터미널쯤으로 가정해볼 수 있겠다. 의식을 육체의 여느 부분이 감당할 수 없을 만치 정교하고 민활해진 뇌 기능의 돌연변이적 사태라고 해석해본다면, 영혼은 의식의 여느 부분이 감당할 수 없을 만치 섬세하고 유현幽玄해진 정신의 돌연변이적 사태로 가정하는 게 적절한 설명 아닐까?

4. 언어적 소통에 의해 뒷받침 받는 고등의식에 그치지 않고,

소수의 수행자와 종교인, 혹은 학인들이 고금동서를 통해 꾸준히 증언하고 있는 초월적 의식transcendental consciousness은 그저 미신과 착시와 혼동일 뿐일까, 아니면 앞서 말한 정신적 지향이 자기 진화, 자기심화하는 당연한 과정으로 이해할 수 있을까?

5. "컴퓨터라면 치명적일 수 있는 노이즈가 고등한 뇌 기능에는 필수적이다."(제럴드 에덜먼) 그리고 '마음은 꼭 사물에 접촉하고서야 생긴다'(요시다 겐코)고 했고 '일이 생기고서야 마음이 따라 생긴다事來而心始現'고 했지만, 인간 뇌 기능의 일차적 임계-초월 상태인 의식consciousness이든, 혹은 이차적 임계-초월 상태인 영혼soul이든, 모든 것은 쉼 없는 상호작용과 재유입reentry의 효과로 설명되어야 한다. 그렇지만 고등의식의 발달이 외계와의 일차적 상호작용보다 주로 자기되먹임self-feedbacking 작용에 의해 영향을 받고 있듯이, 의식과 영혼의 생성과 심화는 '집중'이라는 (일종의) 자기되먹임의 임계활동에 주로 빚진다.

6. 예를 들어 예수는 자신의 존재를 장소(감)로 빚어 신神이 내려오시게 한 대표적인 사례다. 그 까닭에 그는 '내 것이 아닌 (영혼의) 자신감'으로 사람들을 불러모을 수 있었던 게다. 프란체

스코처럼 짐승이 깃들게 하는 신인神人의 전설은 고금동서에 드
물지 않은데, 이들은 죄다 달인의 기량과 정성으로써 자신의 터를
장소화시켜 그 그늘에 '이웃'이 머물게 했다. 돌과 쑥부쟁이가, 나
무와 고양이가, 새와 걸인이, 학생과 사기꾼이, 도깨비와 귀신이.

얼굴,
혹은
얼神의 굴窟

자식이 부모를 빼닮은 데를 가만히 보노라면 참 신통하다. 그게 아무리 당연해도 신통한 것은 여전하다. '나는, 내 생김새는 유니크unique해!'라고 희떱게 구는 꼴을 (전문 용어로!) '허영'이라고 하지만, 알다시피 이는 오래가는 짓이 못 된다. 그래서 조상과 이웃을 길게 널리 아는 일은 사람의 인품을 닦는 데에도 유익하다. 유니크하진 못해도 개인의 얼굴은 각각 세월을 겪고 제 행위를 거치면서 달라진다. 그래서 얼굴만큼 싱싱한 아이덴티티도 없다.

그러나 바로 이 대목에서부터 자본주의적 미학이 돌이킬 수 없이 개입한다. 특히 우리같이 '외모지상주의'를 구가하는 사회에서는 다만 몸맵시나 얼굴 생김만으로 떼를 지어 복대기를 친다. 사람의 욕망이란 워낙 변덕이 심해, 한 우물을 파면서 끝장을 보지 못하고 늘 이런저런 '모델'들을 따르는 데서 스스로 피폐해간다. 성형 열풍에서 극명하게 드러나듯이, 아무도 '아름다움' 그 자체에는 천착鑿하는 일 없이 '누구의 코'와 '누구의 턱'으로 귀착着하고 마는 것이다. 과연 도시자본주의의 대세는 바로 이 모델(욕망의 중간 매개)의 산업을 통해 확대 재생산된다.

개성이라는 환영의 손오공들이 모짝 시장이라는 부처님의 손바닥 안에서 허둥버둥거리듯이, 얼굴 생김들도 자본의 열락悅樂 속에서 차츰/결국 서로 닮아갈 뿐이다. 그러나 각박한 체계 속에서도 차마 말할 수 없는 영혼을 키워나가는 게 인간인 것처럼, 사람의 얼굴도 허영과 모방의 틈새를 뚫어내면서 제 자신의 모습을 키워나가는 법이다. 그래서 '속에 있는 것은 겉으로 드러나는 법誠於中形於外'이며, 못생긴 링컨도 '나이 마흔을 넘기면 제 얼굴에 책임을 져야 한다'(링컨)고 단언했던 것!

따라서 삶의 이력은 고스란히 제 얼굴에 나타나며, 눈 밝은 이들은 이를 신통하게도 알아본다. 물론 '외모로 사람을 판단하지 말 것'을 주문하는 격언은 합리적이고, 나 역시 내 학생들에게 '타인의 외모를 말하지 말 것'을 이르곤 한다. 그렇지만 합리의 그물에 잡히지 않는 이치들을 줍는 게 혜안慧眼이라면, 얼굴이야말로 그 밭이 될 만하다. 이에 얼굴을 일러 '얼이 들어 있는 굴'이라고

자본과 영혼

하는 것이며, 사람의 슬기와 근기는 이 얼의 자리를 잘 다지는 데 있다.

얼굴에 윤리가 개입하는 자리가 바로 여기다. 윤리란 한마디로 기존의 도덕적 시스템을 뒤집고 해체하는 '밝힘말言明'이다. (물론 그 윤리가 다시 도덕으로 굳어가더라도 말이다.) 누구든 제 얼굴을 제가 환하게 아는 듯이 여기지만, 그렇다면 외려 윤리가 성립하지 못한다. 얼굴의 윤리학은, (때로는) 실없고 섣부르게 내뱉는 타인들의 품평 속에 제 얼굴의 진실이 드러나기 때문에 가능해지는 것이다. 나만 하더라도 내 얼굴 속에서 내가 짐작조차 못한 인상과 표정, 이치들을 짚어낸 이가 한둘이 아니었으며, 나는 그 작은 체험들을 통해 얻은 바가 적지 않았다. 얼굴의 윤리학은, 굳이(!) 얼굴을 지니고 태어나서 살아가는 인간들로 하여금 그 얼굴이라는 '장소'의 뜻을 되비추게 하고, 이로써 자신의 삶을 돌아보게 한다.

나는 근자에 고양이 다섯 마리와 친해지면서 그 각각의 얼굴(?)에 드러나 있는 표정과 인상이 제 나름의 행태와 태도를 간직하고 있는 것에 역시 신통해하고 있다. 그 삶의 양식과 품격이 그 얼굴에 맺히는 이치는 단지 사람만의 것이 아니다. 따라서 얼굴들은 사방에 널려 있다. 고양이의 표정이든, 어느 집의 안방이든, 헛간의 분위기든, 혹은 그저 적바림을 하는 작은 수첩의 속장이든, 자신을 다스리고 주변에 응하면서 거듭 사용하는 모든 곳에서는 솜씨와 정성에 따라 '얼굴'이 솟아나는 법이다.

결국 인류의 미래를 좌우하게 될 싸움의 중요한 한 갈래는 얼굴들의 생성에 있을 것이다. 어떤 얼굴들은 전통의 뒤안길로 사라져가고, 또 어떤 얼굴들은 새로운 문화와 매체의 각광을 받으면서 등장한다. 긴 역사가 잘 일러주듯이 임의로 만들어 내세운 얼굴이란 우상에 지나지 않는다. 그러나 어떤 얼굴들을 찾아가는 인류의 여정은 헛되지 않을 것이니, 대개 얼굴이란 가장 웅숭깊은 장소이며 가장 긴박한 세계이기 때문이다.

「밀양」,
그녀들의
촘촘한 빛

그녀는 아버지(유괴범)에게 승합차 속으로 끌려온 채, 말없이 아버지를 떠나 밀양으로 온 신애를 처음 대면한다. 그런 식으로, 가해자의 의도 없는 중개에 의해 과거의 상처와 미래의 상처는 생급스레 합류한다. 오직 이 장면에서만 가해자와 두 피해자가 동시에 등장한다. 아득한 미래의 기억 속에서 상처는 상처를 하염없이 본다.

상처는 그 전형典型 속에서 주술적이다: '욕망은 욕망을, 상처는 상처를 낳는다similarities beget similarities.' 그것이 곧 내가 말해 온 세속世俗이다. 그러나 이창동의 「밀양」은 '상처가 상처를 지울 수 있는가'를 탐문하기도 한다. 그것도 바로 '옆'(그녀)에서, 혹은 '뒤'(종찬)에서 말이다.

그녀는 아버지와의 관계 속에서 얻은 상처를 세상과의 불화로 이입移入한다. 아버지라는 대상을 넘어설 모델이 더 이상 없는 세상, 그것이 곧 세속이다. 어느, 아무래도 좋은 날, 죽은 자식을 가슴에 묻고 종교에 귀의한 신애의 시야에, 그녀는 도시의 한구석에서 또래의 남자애들에게 얻어맞고 있는 모습으로 다시 등장한다. 구타당하는 중에 그녀는 고개를 돌려 신애를 하염없이 쳐다본다. 그 하염없는 시선은 도시의 기원을 묻는 희생양犧牲羊의 것이다.

그러나 상처와 상처를 징검다리 삼아 힘겹게 세속을 건너가고 있는 15세의 그녀와 달리, 신애는 이미 자신의 상처를 억압한 채 초월 속으로 직입直入, 도피한 상태다. 아직 땅은, '세속적 구원'은 좀처럼 다가오지 않는다. 보이는 세계의 일을 보이지 않는 세계에 조회한 비용을 치르기 전까지, 세속은 구원과 결합하지 못한다.

그녀는 어떤 상처의 잉여를 안고 '의도의 외곽에서' 신애의 피아노 학원 앞을 서성거린다. 그녀의 아버지가 유괴해서 죽인 신애의 아들, 이제는 그 아들이 없는 차갑고 횡한 그 집 앞을, 먹먹한 가슴을 다스릴 길 없이 눈물을 글썽이며 서성거린다.

그사이 종교(나르시스)에 빠진 신애가 꽃을 꺾어 들었다: 용서의 '의도'를 품고 자신의 아들을 죽인 사람을 찾아간다. (아아, 신애씨, 대단해요!) 그러나 벽 속의 그 남자는 이미 용서를 받았다고 저 홀로 '생각'하고 있다. (복수/용서의 대상을 도난당한 이 대목은 족히 밀란 쿤데라적이다.) 신애는 자신의 '의도'가 그 남자의 '생각'—그것도 신神이 조형해준 그 생각의 벽—을 뚫지 못한다는 것을 깨닫자 꽃을 던져버리고 곧 실신한다. 그녀는 마땅히 실신해야 하는데, 그간 그녀의 존재는 상처를 억압한 '생각'이었기 때문이며, 그녀가 귀의한 신조차 바로 그 '생각의 생각'이었기 때문이다. 신조차, 그것이 단지 생각의 생각일 때, 상처의 회귀 앞에서 그 타자성을 잃어버리고 적나라하게 벌거벗기 때문이다.

약자는 강자를 용서하지 못한다. 용서의 실체는, 도덕주의적 강박이 오히려 밀어내는 잉여의 실재에 의해서 그 불가능성을 고스란히 드러낼 뿐이다. (그렇기에 전쟁 피해자들이 일본 제국주의를 용서하는 것은 불가능하고, 망월동에 누운 고혼孤魂들이 전두환 일당을 용서하는 일은 오직 불가능 그 자체다.) 그 불가능을 넘어서겠다는 신애의 환상은 영웅적 에고이즘(=나르시시즘) 속에서 몽실몽실 피어오른다. 물론 이 나르시스를 막아낼 수 있는 길은 어떤 선택된 삶의 양식과 그 충실성밖에 없다. 그것이 내가 말해온 '약속'이다.

신애는 '명시적으로' 용서를 도난당한다. 그것은 진실을 정면으로 응시하려는 심리주의적 허위의식과 관련된다. 신애는 왼손의 그녀에게 자신의 머리카락을 반半만 맡김으로써 '묵시적으로' 용서를 되찾는다.

햇볕은 깊고 빽빽하다. 그 모든 가능성과 모든 일리一理를 한데 모은 하아얀 의욕—욕심이 아닌!—의 상징으로서 햇볕은 오직 충실하다. 그리고 '밀양'이라는 다층적 가능성의 볕늬 속으로, 어설프고 생된 동작의 그녀는 자신의 상처를 품고 신애의 '옆'에서 반쯤 스친다. 그녀는, 자해한 후 병원에서 퇴원한 신애의 머리카락을 반쯤, 그것도 왼손으로 깎아준다. 머리를 깎다 만 신애가 미장원을 뛰쳐나왔다는 사실은 그리 중요하지 않다. 중요한 사실은, 자신의 머리카락을 그녀의 손에 맡긴 그 짧은 순간 속의 '빽빽한 빛密陽'이다.

자본과 영혼

3부

체계를 애도하다

동사무소도
은행도
아닌 곳

비가 뿌리자 XX대학의 정문 곁길이 모짝 진흙탕 범벅이 되어 유사流砂를 방불케 했다. 영문을 모르는 학생과 행인들은 언제부터인가 온통 공사판으로 변한 길에 거북이걸음을 놓으면서도 불평없이 지나다닌다. 사정을 아는 근처 찻집 주인이 하소연을 하는 듯, 찜부럭을 부리는 듯 내게 전하는 말이, 공사 내역을 알리는 팻말 하나 없이 보도블록을 새로 깐다는 소문만 흘리면서 아무런 성과 없이 흙바람과 진흙탕만 만들어온 게 무려 8개월이란다. 곁에서 있던 아르바이트 학생은 "8개월이면 63빌딩도 세우겠다!"며 고소苦笑를 치고, 주인아주머니는 마치 장단을 맞추기라도 하듯 "오늘만 해도 아침부터 저녁까지 대체 무엇을 하는지 눈매를 씻고 살펴도 아랫돌 빼서 윗돌 괸 게 전부"라며 혀를 찬다.

보도블록에 대한 소문―전국 방방곡곡에 과잉 설치한 체육 시설도 마찬가지이거니와―은 비록 악명惡名의 시작에 불과하지만, 그것도 자못 흉흉하다는 사실을 관료들은 챙겨 들어야 한다. 보도블록을 둘러싼 악담만 쳐도 부지기수로 들었지만, 바야흐로 토건土建 마피아들이 횡행하는 신경제 개발 시대에 그 같은 악담이 옮겨다닐 구석은 마을의 소로小路에서부터 4대강에 이르기까지 없는 데가 없다. 그러나 문제의 알속은 오히려 '대체 관료들이 서민들의 현실적 사정을 알 필요가, 알아야만 하도록 강제하는 제도적 장치가 있을까?'라는 좀더 근본적인 지점에 있다. 정치와 행정의 차이에 대한 베버의 오래된 지적처럼, 관료들의 합리성은 제도 내부의 정합성整合性에 머물 뿐이지 민심의 실제로까지 몸을 끌고 나오지 않기 때문이다. 그리고 이 정합성의 비밀은 '돈'일지도 모른다.

　　어릴 적 내게 동사무소는 지상에 내려온 악몽 그 자체였다. 그것은 현대의 관료제에 대한 우화적 비판으로 읽히기도 하는 카프카의 장편『성』(1926)처럼, 내 능력과 깜냥으로선 영영 이해할 수 없는 '당신들의 천국'이었다. 물론 늘 나태하고 괴악스러운 표정을 지으면서 눈만 껌뻑거리는 그들에게도 그곳은 천국은 아니었으리라. 내겐 무엇보다 동사무소의 실내 풍경으로 표상되는 관

　　　　　　　　　　　　　　　　　자본과 영혼

료제의 기억이 차마 외상적이다. 카프카의 K처럼 (한때 내 필명도 'K'였듯이) 동사무소에 들어서서 문제의 해답을 구하던 어린 내게 그곳은 늘 미로였다. 그 미로 곳곳에 배치된 하급 관료들은 입을 벌리고 내게 무언가를 지시했고 더러 그 '무엇'을 손가락으로 가리키기도 했지만, 그 무엇은 어디에도 없었고, 그 무엇으로 통하는 길은 또 하나의 우회로로 안내할 뿐이었다.

물론 이젠 더 이상 그런 카프카적인kafkaesk 공간으로서의 동사무소는 없을 것이다. 다만 그 카프카스러움은 이제 겨울만 되면 보도블록을 다시 까느라고 멀쩡한 도로를 파헤치는 이들의 우스꽝스럽고 은폐된 노동 속으로 되돌아온다. 혹은, 산책자도 없고 조깅하는 사람도 없고, 새벽 운동 따위를 하는 사람은 더더욱 없는 한적한 촌로들의 마을 이곳저곳에 몇 개씩이나 설치해둔 마을 체육시설의 조용함 속으로 되돌아오고 있을 뿐이다.

당시 동사무소 직원으로 대변되는 정부 하급 관료들의 끔찍한 관료주의에 식상해했던 내가, 그나마 찐덥게 찾은 곳, 그리고 얼마간 그 상처를 보상받았던 곳은 다름 아닌 은행이었다. 겉보기에나마, 동사무소의 이미지가 '열리지 않는 자물쇠'였다면 은행은 온통 고객들을 향해 친절히 열려 있는 열쇠의 인상이었던 것이다. 1970~1980년대에도 유리문이 달린 곳이면 흔히 '미시오push'나

'당기시오 pull'라는 팻말이 붙어 있었는데, '미시오'라고 한 것이라도 당기면 열리고, '당기시오'라고 해도 밀면 열리는 게 태반이었다. 이를테면 그것은 대체로 믿을 수 없는 메시지, 혹은 과잉·과소한 메시지로서 내게는 우리 사회의 소통疏通 현실을 단적으로 보여주는 상징과도 같았다. 그리고 그 소통의 부재라는 현실은 무엇보다 동사무소 관료들의 행태 속에 압축되어 있었던 것이다. 그런데 은행은, 그 은행 문(!)은 달랐다. '미시오'라는 팻말이 붙은 문을 당기면 결코 열리지 않고, '당기시오'라는 팻말이 붙은 문을 밀면 절대로 열리지 않는 곳, 내게는 바로 그곳이 다름 아닌 은행이었다. 그곳은 비교적 열려 있고, 내 말에 귀를 기울이며, 정확한 메시지를 내보내는 곳이었다. 당시의 동사무소가 내게 지옥이었다면, 은행이라는 천국이 곁에 있어 그나마 위안받을 수 있었다.

물론 은행은 동사무소라는 상처의 기억을 구제하는 메시아의 사건이 전혀 아니다. 그곳의 본치를 지배하는 깨끗하고 합리적인 풍경은 오직 돈으로만 움직이는 내부의 메커니즘을 숨기고 있을 뿐이다. 그리고 은행으로 대표되는 자본주의적 신용信用은 인문주의에서 추구하는 신뢰와는 질적으로 다른 것이기 때문이다. 결국 우리의 세속은 동사무소와 은행으로 대변되는 두 종류의 제도에 의해 겹겹이 포위된 채 그 '오래된 미래'인 인문人紋의 소식을 박탈당하고 있는 시스템이다. 그것은 국가 권력의 하수인으로 경쟁 없는 타성의 자폐 구조를 이루는 동사무소와 같은 것들, 그리고 자본주의의 첨병으로서 인문의 신뢰를 자본의 신용으로 대체하는 은행과 같은 것들로 구성되어 있다.

문제는 동사무소라는 악몽, 은행이라는 환상을 넘어서는 인간의 길을 얻어내는 데 있다. 동사무소라는 관료주의적 불통과 은행이라는 자본주의적 신용 사이를 열어, 인문주의적 신뢰의 길을 구체화하는 데 있다. 마찬가지로 미래의 공부는 동사무소도 은행도 아닌 곳들을 찾아내는 일, 그곳들을 '장소화'하는 일, 그리고 그 장소들을 바탕으로 새로운 인간의 길을 찾아내는 데 있다.

장자연씨와
침묵하는
이웃들

이른바 항의성 자살이 성공하는 예는 여성이 남성에 비해 약 절반에 불과하다. 이는, 여성의 시도가 진지하지 않다는 게 아니라 '사회적' 약자로서의 여성(여성이 꼭 '개인적' 약자인 것은 아니지만)이 늘 불만과 항의의 주체로 살아간다는 사실을 배경으로 흘리는 것이다. 「죽음의 굿판을 집어치워라!」(김지하, 1991) 같은 글처럼, 혹은 130여 명의 고통받는 불치병 환자를 안락사시킨 잭 케보키언이 결국 정죄받아 8년간 복역했듯이, 자살이라는 극단적 행위마저 불만과 항의의 수법으로 선택되는 것에서 거리낌이나 도덕적 부담이 생기는 일도 일견 당연해 보인다. 그러므로 사회적 약자와 방외자, 그리고 특정한 불평등과 핍박 혹은 곤경을 당하는 이들이 자살을 선택하는 경우에도, 그 선택지의 타당성은 곧 잘 의심을 사고, 그 배경이 되는 사안과 '기원'은 잊힌 채 자살이라는 '풍경'만이 소문의 미디어 속에서 확대 재생산되곤 한다. 장자연씨의 죽음도 풍경화, 가십화, 미디어화, 심지어 성애화한 대목이 없지 않지만, 그의 항의는 한 사회의 전체 구조와 체계를 문제시할 정도로 절박한 데가 있다.

그런가 하면 자신의 이념이나 원칙, 체면이나 위신, 긍지나 자존심을 일관되게 유지하려는 노력 속에서 마지막으로 선택되는 '행위'가 이른바 '고귀한 죽음noble death'인데, 비교적 남자들이 이런 선택을 많이 한다. 남녀 사형수들이 형장에서 보인 최후의 모습과 언행을 통해 일반화된 차이에 따르면, 여자들의 반응은 매우 현실적인 데 비해 남자들은 마지막 순간까지도 여전히 (일종의) '허영'에 먹혀 있다고 한다. 물론 이것은 우선 세속의 체계와 제도에 여자와 남자들이 다르게 개입해온 방식과 정도를 살펴야 하는 대목이다. 가령 세네카나 예수로부터 이순신이나 헤밍웨이를 거쳐 근년의 노무현에 이르기까지, 넓은 의미의 고귀한 죽음은 대체로 영웅적 남성들의 전유물처럼 여겨지곤 한다. 이들이 당대 체계의 좌표 안팎으로 다양하게 운신하고 지향하긴 했지만, 어쨌든 당대의 권력 체계 및 제도에 깊숙이 관여한 인물이며, 따라서 그들의 자살/죽음을 행위의 종결이 아닌 또 하나의 '행위'로 여기는 게 정확할 것이다.

　그러나 장자연씨의 자살과 같은 행위에는, (남성 권력자/권위자들의 경우처럼) 기성의 권위나 이념, 원칙이나 품위를 사후에까지 지키려는 동기가 작동하는 게 아니다. 실존주의적 행동주의자 헤밍웨이는 권총 자살을 통해 또 하나의 실존적 행위를 (마지막으로) '선택'한 것이지만, 연예기획자들과 그 로비의 대상인 사회 권력자들 사이에 낀 장자연씨의 자살은 능동적으로 '선택'했다기보다는 차라리 피동적으로 '지명指命'을 당한 것에 가깝다. 그러므로 장씨의 자살은 화룡점정畵龍點睛처럼 선택적으로 이루어진 또하나의 (마지막) '행위'가 아니라, 외부에서부터 그의 삶을 침탈하고 파괴한 불의의 '사고'인 것이다. 따라서 헤밍웨이나 노무현의 자살에서는 최소한 이웃과 타인들이 왈가왈부할 수 없는 '극히 사적이며 품위 있는' 무언가를 찾을 수 있겠지만, 장자연씨의 자살에서는 우리 모두가 반드시 왈가왈부하고, 시시비비를 따지며 간섭해야 하는 '극히 공적이며 비참한' 무언가가 은폐되어 있는 것이다.

　그저 팬들의 사랑을 받는 매력적인 연예인을 꿈꾸었을 뿐인 장자연씨의 인생에는 애초 '자살'과 같은 것이 틈입할 여지나 낌새가 없었다. 그는 고귀한 죽음을 선택할 아무런 배경도 이유도

자본과 영혼

없었던 것이다. 그러므로 장씨의 자살은 실질적으로 타살이다. 자살의 형식을 빌린 사회적 약자의 타살은, 고귀한 죽음의 주체처럼 그 욕망이 자신을 향한 게 아니다. 그는 침묵하는 이웃들을 향해 절망적으로 손을 내밀고 있는 것이다.

여자의
조국

물론 조국祖國과 같은 것은 남자(할-아비)들이 만든 것이다. '법적인 것'은 워낙 여자에 대한 남자의 지배에서 생겨났다고 하듯이 말이다. 「인형의 집」의 가부장적 남편 헬머가 선포하듯이 남자들은 '명예'라는 것을 사랑 위에 둘 줄 아는 법을 비교적 일찍 배운 족속들이다. (남자들이 왜 바람을 피우는지 실없이 묻고들 하는데, 남자들은 생물학적 일회성의 적나라함에 내몰리는 사회적 약자가 아니라 제도권력적으로 자신의 성적 욕망을 선택적, 특권적으로 조절할 수 있는 사회적 지위와 역할을 누려왔기 때문이다.) 하지만 사회적 약자로서의 여성들은 '자연'히 약자로서 퇴각한 자리에 남은 비非사회적 잔여, 즉 생물학적 자연성에 내몰리며, 당연히 조국 같은 것에 쏟을 여력이 없(었)다.

자본과 영혼

지난날의 여성들(주부들)은 남편 등 뒤에서 남편이 넘기는 신문지 소리를 들으며 세상의 소식을 짐작한다고 했듯이, 전통적으로 여성들에게는 세상이든 조국이든 그것은 우선 어느 남자들을 매개로 접속되었고, 그 매개의 최종심급은 사랑(그것이 무엇이든!)이었다. 그러므로 지난날의 여성들이 조국이나 명예, 심지어 정치권력을 추구하더라도 이는 대체로 광의의 사랑에 의해 이루어지거나 힘겹게 사랑을 억압, 승화한 끝에 가능해지곤 했던 것이다. 물론 이것은 단지 사랑의 낭만주의나 관념론을 가리키는 게 아니라, 여성들만의 축소된 현실 속에서 어렵사리 운신해야 했던 여건을 반영하는 것으로, 역설적이긴 하지만 극히 현실적인 선택이었던 셈이다.

　　예를 들어 박근혜처럼 한 여성으로서 애정 문제가 별반 주제화되지 않은 채로 국가-체계와 명예 차원에 전면적으로 복무하고 정치권력에 올인하는 사례는 비교적 근년의 것이다. 이것은 가령 외래의 식민권력에 저항했던 어린 유관순의 경우와도 별개이며 나혜석이 당대의 남성 권력과 투쟁했던 것과도 다르다. 한나 아렌트에서부터 김상봉에 이르기까지, "우리가 사랑해야 할 것은 동료 인간들이지 국가 기구가 아니"라고 말할 때 그것은 말할 나위 없이 올바른 지적이지만, 차츰 동료 인간들이 아니라 국가 기구를 사랑(?)하는 이들이 생겨나고 있다는 사실에 주목할 필요가 있다. 그리고 더욱 중요한 것은 이 추세에 소수의 여성이 매우 당당하고 현명하게 개입하고 있다는 사실이다. (이와는 별개로, 제도 인문학이 서서히 몰락하는 와중에 인문학 제반 영역을 여성들이 새롭게 채우고 있는 모습도 도드라지는데, 이것도 필경 넓은 의미의 '사랑' 문제로 풀어낼 수 있는 구조적 현상인 것!)

조지 오웰은, 19세기 말에서 20세기 초에 이르는 기간에 유럽의 문인들이 이른바 '전이轉移된 민족주의'에 휩쓸리는 유행을 지적한 바 있다. 이런 식이다. "전이의 대상은 라프카디오 헌에겐 일본이었고, 칼라일과 그의 많은 동시대인에겐 독일이었으며, 우리 시대엔 대개 러시아다." 여자에게는 워낙 조국이 없다고 한다면, 그들의 경우 국가나 이와 유사한 체계를 향한 욕망은 그 자체로 전이된 것일 수밖에 없다. 물론 앞서 지적한 대로, 전통적으로 이 전이의 매개는 '사랑하는 남자'들이다. 그러니까, 남자들은 국가와 같은 것을 통해 사랑(여자)에 좀더 편하고 유리하게 접속하려는 태도를 보여왔다면, 여자들은 사랑(남자)을 통해서야 비로소 '전이된 욕망의 대상'으로서 국가나 민족 같은 거대한 대상과 접속하게 되는 셈이다. 세상이 바뀌었다거나, 여자들의 세상이 되었다는 식의 섣부른 진단에 한 가닥 의미 있는 취의取義가 있다면, 이 접

자본과 영혼

속의 절차와 순서에 시대의 증상처럼 중요한 균열이 생기고 있다
는 점이다. 신정아 사건의 보수성은 바로 여기에 있는데, 그는 이
증상에 결코 깊이 동참하려 하지 않기 때문이다.

어떤
오후

K는 '볕 좋은 밀양 땅'이라는 상념을 후렴구처럼, 혹은 임자 없는 욕설처럼 되뇌며 승용차에 올랐다. 실내는 이미 프라이팬처럼 데워져 차마 혼몽昏懜스러웠다. 시동도 마치 더위를 먹은 듯 급작스러웠고, 함께 켜진 라디오에서는 조영남-최유라의 종작없는 휴머니즘이 뱃멀미처럼 다가왔다. 에어컨은 아예 없고, 앞 좌석의 창문은 고장을 일으켜 이미 붙박이가 되어 있었다. K는 폐차 직전의 붉은색 액센트를 북쪽으로 몰았다. 오후 4시를 조금 넘긴 시각이었다.

　김종직 선생을 추념해 세운 '예림서원'에서 불과 10여 분, 오른편으로 옥교산을 끼고 북쪽으로 달리면 가산저수지가 왼쪽으로 펼쳐지고 금세 화악산 입구에 닿았다. 벌써, 아니 이미, 이른바 '닭장차'들과 검은색 경찰들이 빼곡히 들어서 있다. 삼엄한 기운이 한정閒靜한 시골길을 겁박하고 있었다. 방송국의 승합차들도 여러 대 연도沿道에 줄느런히 서 있고, 보도원인 듯한 이들이 바삐 움직이는 모습도 눈에 띈다. K는 닭장차 곁에 차를 세우고 소풍이라도 나온 듯 짐짓 노량으로 걸었다. 농성장으로 오르는 길목은 완전히 차단되어 있었고, 귀퉁이 숲길로 빠지려던 K는 어린 전경들에게 제지당했다. '밀양 시민으로서 산행에 나섰다'고 강변했지만, 씨알도 먹히지 않았다.

K는 뻣성이 돋는 것을 누르고, 다시 차를 몰아 하릴없이 시내로 향했다. 라디오에서는 다시, 100억짜리 아파트에 산다는 조영남이 집 없는 노숙자들의 신세를 염려하고 있었다. 대형 슈퍼 곁의 공중전화 부스에서 이리저리 몇 군데 전화를 넣었다. 검정 파리들도 더위를 먹은 듯 전화 부스 속에서까지 복대기를 치고 있었다. 명색이 꽃 좋은 5월이고 이미 5시를 넘겼지만, 햇살은 지루하게 따가웠다. K는 다시 농성장 입구 쪽으로 차를 급하게 몰았다. 마침 국도로 접속하는 마을 입구에서 줄지어 퇴각하는 경찰차들을 만났다. 전경들은 졸고 있었고, 선도 차량의 간부들은 선글라스를 끼고 있었다.

나무 사이로 어지럽게 묶어놓은 밧줄을 헤치고 주민들이 농성하고 있는 곳으로 넘어 들어갔다. 죄다 일흔 살 안팎으로 보이는 할머니들 스무 명 남짓이 어지럽게 앉아 있었고 마을 이장을 포함해서 남자 노인 몇 분이 어수선하게 서 있었다. 이장이 톡 튀어나오면서 K에게 어디서 왔는지를 묻더니, '밀양 시민들조차 관심이 없다'면서 한껏 찜부럭을 낸다. 긴 농성의 하루가 저물고 긴 장이 풀린 탓인지 분위기가 산만하고, 막걸리에 취한 남자 노인 몇은 특히나 와달박달거린다. 모짝 주저앉아 있는 할머니들의 수다는 마치 장맛비처럼 끝이 없다.

"언니들, 좀 조용히 하이소!" 예순을 넘긴 이장은 일흔을 넘긴 할머니들에게 '좀, 조용히 하라'고 짐짓 으름장을 놓곤 그다음 날의 농성 일정과 계획을 설명한다. 우선 이튿날 새벽 3시에 모여 산마루의 공사 현장을 선점先占할 할머니 '특공대' 7명을 뽑고선, 준비물로 물, 도시락, 모자, 그리고 지팡이(!)를 꼽으면서 제발 잊지 말라는 다짐을 둔다. 보도원들이 없으면 한전 직원들의 횡포가 금세 살벌해지고, 대체 주민을 보호하는 것인지 송전탑 공사를 두호하는 것인지조차 알 수 없는 경찰의 행태를 성토하는 즉흥 연설이 펼쳐지기도 했다. 남편이 다쳐 병원에 입원했다는 중년의 아주머니, "차마 인간으로서 볼 짓이 아닌 것"을 보고야 말았다는 노파, 그리고 '아, 깝깝한 대한민국!'을 연신 되뇌는 어느 도사풍의

자본과 영혼

노인과 차례로 말을 섞던 중, K는 문약한 자신의 신세를 잊은 듯 총과 수류탄을 들고 이 땅의 학살자들을 찾아 천지사방을 내달려 가는 환상에 지핀다.

그사이 한 사진 기자의 요청으로 다들 주먹을 쥐고 구호를 외 치는 장면을 연출해서 사진을 찍게 되었다. 이런 일에 익숙한 듯 한 장년의 남자 한 사람이 선손 걸고 나섰고, 그의 선창에 따라 다 들 복창을 했다. K도 뒤꼬리에 붙어 주먹을 휘두르면서 연호에 동 참했다. 그 찰나에 이장이 양손을 가로저으면서 타박을 놓는다. "언니들, 좀 웃지 마이소! 우리 생존권이 달린 문젠데!" 그 말에 외 려 웃음은 더 커져버리고, 메아리처럼 산마루를 흘러다니는 그 슬 픈 웃음 속에 어느 하루의 고단한 일상이 저문다.

어떤 억압과
침묵의 고리

70여 명을 살해한 노르웨이의 연쇄테러범 아네르스 브레이비크 (32)의 사건도 그의 덤덤탄에 맞아 저세상으로 잊혀져갈 어린 희생자들의 운명처럼 차츰 잊힐 것이다. 그사이 이 분요한 세속의 박자와 리듬에 곁붙어, "잔혹했지만 필요한 행동"이었음을 강변하면서 '템플기사단' 군복을 입고 법정에 서겠다던 이 시대착오적, 증상적 존재를 두고 갖은 분석과 해명이 얼마간 오갈 것이다. 그리고 이 사건을 우리 사회의 현실에 빗대거나 겹쳐 보면서 반면교사나 타산지석으로 삼자는 둥 갖은 비평과 조언이 이어질 것이다. 매스컴을 통해 진단과 전망의 이름으로 전달되는 그 말들은 이미 여러 차례 들은 말이거나 멀거나 해봄 직한 말이거나 해도 별 뾰족한 실천으로 이어지지 못할 말들일 것이다. 하지만 그 무수한

자본과 영혼

말 사이로 총기 자체에 대한 말은 아무래도 억압되는데, 그 억압의 기원은 현 세계체제의 근간에까지 닿아 있다.

2004년 11월 17일에 치러진 2005학년도 대학수학능력시험(광주 지역) 중 100여 명의 수험생이 휴대전화를 이용해서 대규모 부정행위를 한 게 드러나 우리 사회의 화급한 이슈가 된 적이 있다. 당연히 이 사안을 진단하고 처방하는 글들이 각종 매스컴을 통해 쏟아졌지만, 그 어떤 글에서도 휴대전화 자체에 대한 논의는 완전히 생략되어 있었다. 교육부의 부실한 대처, 청소년들의 도덕 불감증이 이 지경에 이르도록 방치한 교사들과 학부형의 무관심과 태만, 본^틀도 생산적 권위로서의 역할도 하지 못하고 있는 기성세대를 겨냥한 두루뭉술한 비난, 그리고 당사자들에 대한 도덕적 권면과 질책 따위가, 이미 들은 말이거나 하나 마나 한 말들의 시리즈를 이루면서 재생산되고 있을 뿐이었다. 역시, 이 경우에서도 세계체제의 기원에까지 닿아 있는 비판이기에 반드시 억압되어야 하는 말, 요컨대 휴대전화 그 자체에 대한 근본적 논의는 어느 누구도 손대지 않고 있었다.

널리 알려져 있듯 경제협력개발기구OECD 국가 중 한국의 이혼율이 가장 높다. 2010년 통계에 따르면, 황혼이혼은 급속히 증가, 전체 이혼 중 27.3퍼센트를 차지해서 결혼 4년 내 신혼 이혼

(25퍼센트)을 처음으로 따돌렸다. 내 주변만 둘러봐도, 역시 본이 될 만한 혼인생활은 찾기 어렵고, 하나같이 이런저런 불만을 토로하면서도 이 고장났지만 환불되지 않는 고래의 상품을 두고 어찌할 바를 모른다. 이 와중에 자살률이나 음주량마저 세계 최고 수준에 이르러, 어느 외신 기사는 "한국 전 국민 신경쇠약 걸리기 직전"이라는 기사를 띄우기도 한다. 이것 역시 갖은 분석과 진단의 대상이 되어 수많은 보도와 논의를 낳긴 하지만, 정작 문제의 알짬은 들먹이지 않고 억압된다. 국가 그 자체를 해체하려는 논의가 세계체제의 근간을 흔들 수밖에 없듯이, 가족 그 자체의 성격과 구조를 비평하는 일은 늘 방외자들의 몫일 수밖에 없기 때문이다.

　　내가 관여한 공부 모임에는 각지에서 참여하는 교사가 적지 않은데, 그들의 한결같은 고민은 선생 노릇을 하기가 점점 어려워진다는 것이었다. 서둘러 퇴직해서 좀더 간소하고 자발적인 삶의 양식을 챙기는 이들도 있고, 그 고충과 불만을 생계의 무게 아래 잠재운 채 하루하루를 견뎌내는 이들도 있다. 끊이지 않고 간간이 전해지는 하극상의 교실 풍경이 보여주듯, 사람과 사람 사이에서 오갈 상호작용의 틀, 그 응하기의 절차와 본[刑]이 송두리째 빠진 사이로 자본과 이에 수반된 세속적 가치가 활개를 친다. 칸트의 낡은 말처럼, '훈육이 빠진 교육'이 밑 빠진 독의 신세처럼, 어떤 침

　　　　　　　　　　　자본과 영혼

묵과 억압의 고리에 물려 한없이 삐걱거리면서도 마치 강박처럼 계속되고 있는 것이다.

반본返本의
교육학

지난 20여 년간 내가 이래저래 관여해온 인문학술 운동의 여러 모임에는 표나게 교사가 많았다. 필시 교사라는 직업의 성격과 여건상 학술 모임과의 친화성이 짙은 덕일 게다. 나는 그들을 통해서 중고등학교와 초등학교의 교육 실태를 틈틈이 엿볼 수 있었고, 해가 바뀔 때마다 그들의 전언傳言이 우울하고 답답하게 바뀌는 추이를 살피면서 차츰 그 문제점들을 같이 고민하게 되었으며, 어느덧 그 심각성과 더불어 문제의 알속을 이해하게 되었다. 잘라 말하자면, 여기서도 반복되는 고질은, 지원知圓이 아니라 행방行方이었다.

모임에 참석하는 후배 중 한 사람인 J는 현직 초등학교 교사인데, 그가 전해주는 일화는 문제의 알속을 치는 시사점이 매우 압축적이었다. 밀양의 어느 초등학교에서 5학년 담임을 맡고 있는 J는 어느 날, 수업 중 소금 바른 지렁이처럼 잠시도 쉬지 않고 도지개를 틀고 있는 한 남학생을 지목해서 몇 마디 쓴소리를 뱉고 있던 참이었다. 그러나 J의 말이 채 마무리되기도 전에 그 열 살배기 꼬마는 잽싸게 창문 쪽으로 내달려가선 창문을 열어젖히더니 아래층(J의 교실은 3층이었고, 바로 아래쪽 2층에는 교장실이 있었다)을 향해 '생고함'을 치는 것이었다. "교장 선생님! 우리 선생님이 나한테 욕해요. 잘라버리세요!"

J는 이 얘기를 우리에게 들려주곤, 이런 일은 '그저 약과'에 불과하다면서 허탈한 웃음을 흘렸다. 과연, 심심찮게 보도되곤 하는 교실 속 풍경과 세태를 읽노라면 이런 따위의 삽화는 이제 항다반사가 되고 말았다. '깨진 유리창 이론broken window theory'이 말하듯이, 교학상장敎學相長의 텃밭에는 곳곳에 구멍이 숭숭거리고, 우풍이 일다 못해 폭풍 전야와 같은 불길한 침묵과 긴장이 지배하게 되었다. 이 침묵과 긴장을 깨는 사건 사고들은 줄줄이 이어지고 있건만, 시원한 대책은 없고 답답한 소문만 무성할 뿐이다. "중학교 2학년생들이 무서워서 감히 북한이 남침하지 못한다" 따위의 우스개는 차라리 이 불길한 세태를 정면으로 응시하거나 대처하지 못하는 우리의 무능력에 대한 서글픈 자조自嘲에 지나지 않

아 보인다.

교육은 예나 지금이나 두 가지 절차가 서로 물고 맺는 관계에 기초한다. 이를 경전의 계서에 따라 말하자면 소학小學과 대학이며, 그 공간적 비유에 준해서 배치하면 승당昇堂과 입실이고, 서양의 교육학적 어휘로 고쳐놓으면 훈육Disziplin과 학습이라고 할 수 있다. 길게 상설할 것도 없이 우리 시대 교육의 문제를 따질 때 알짬이 되어야 하는 것은 바로 이 앞의 절차가 완벽하게 실종되었다는 사실이다. 매사 과유불급過猶不及이라고 했지만, 그토록 구걸하다시피 숭상하고 농축적으로 시행했던 자율·평등·경쟁의 성과주의 교육은 그간 압축·생략한(=억압한) 절차가 곪고 왜곡되어 되돌아온 것을 속수무책으로 방치할 수밖에 없는 것이다.

소학과 승당과 훈육의 완벽한 결락은 학생들로 하여금 자본주의 시장의 소비자가 되기에 안성맞춤인 체질과 태도를 갖게 만들어놓았다. 이미 여러 사회학자가 지적한 대로, 전통과 권위로부터 탈출한 젊은 세대의 해방구는 소비시장일 뿐이었던 것이다. 돈이면 나이와 무관하게 '왕'처럼 대접받을 수 있는 편의점·백화점 같은 세속, 소비가 개성과 자기성취가 되는 세속, '안전한 먹거리 운동'처럼 기껏 소비자 운동이 시민운동의 대세를 이루는 세속, 마침내 추억과 미소와 영혼조차 상품으로 포장된 채 팔리는 세상에서 선생들을 고장난, 그래서 반품 가능한 상품으로 여기게 된 것은 몹시 자연스러운 과정이었다.

소학과 훈육의 승당 대신 상품의 천국 속에서 자라온 아이들에게 그 누가 냅뜨고 나서서 '교육'이라는 지난한 비용을 치르게 할 수 있을 것인가? 그들은 무엇보다 (학생이기 이전에) 상품을 고르고 사고 사용하는 소비자로 길러져온 것! 아는 대로 소비자는 '왕'이니, 대체 누가 감히 왕들을 교육시킬 수 있겠는가?

평등(자)의
그늘

아쉽게도, 우리 생활 속으로 다가선 평등은 이념의 산물이 아니다. 특히 한반도 같은 이념 지체의 공간 속에서는 아류 매카시즘들이 지금도 여전히 맹위를 떨치곤 한다. 신新신분제를 들먹이는 사회학자들도 있지만, 이념의 신분제 역시 사회통합의 위기가 닥칠 때마다 체제가 강박적으로 되돌아가서 의탁하고 고착하는 욕망의 유아적 형식이다. ('감히 쌍놈의 녀석이!') 급하고 정서적인 반응일수록 폭력적이며 일차원적이다. 그렇기에, 마치, 생각이 아직 이론이 아닌 것처럼 강성의 보수주의는 아직 이념조차 아닌 것이다.

이념과 이데올로기의 투쟁만으로 평등은 늘 불완전하다. 버트런드 러셀의 평가처럼, '평등'을 이념으로 돋보이게 내세운 체제일수록 외려 특권층이 기승을 부렸다. 바로 이 틈을 타고 자본은 평등을 선언한다. 아니, 아무런 동의 없이 그 선언을 실행한다. 그리고 '억울하면 출세하라!'는 명제의 세련된 판본들을 현란하게 광고한다. 불평등은 없다! 다만 돈이 조금 부족할 뿐이며, 노력이 조금 모자랐을 뿐이다! 자유와 평등이 어떤 정치체제의 함수였던 때가 있었지만, 이제는 평등을 포함한 모든 것이 다만 화폐량의 함수일 뿐이다.

작금의 세속에서는 개성도 시장의 명령이며, 미소는 화폐의 표정이고, 영혼은 체제의 아우라가 되었다. 우리 시대에 평등한 것은 대체 무엇인가? 첫째로, 가정집의 한 달 치 전기세로 2400만 원을 낸다는 이재용씨, 그리고 그의 아버지 이건희씨가 노동자들과 격의 없이 어울려 '라면'을 먹는다면, 혹은 12.12 이후의 전두환 일당이 선 채로 샴페인을 터뜨리는 대신 옹기종기 둘러앉아 김치와 함께 라면을 먹었다면, 바로 그 풍경이야말로 평등의 표상이자 신호일 수 있을까? 사실 우리 시대에 라면만 한 '사회적 평등자 the social equalizer'도 없을 것이다. 그 기원을 무색케 만드는 '라면-풍경'의 일상성 및 통속성과 서민성은 악마의 밀실조차 평심하게 만드는 평등 효과를 낸다. 그 붉은 국물과 김치, 노란 면발과 노르탱탱한 계란, 찌그러진 냄비, 그리고 내 동무들의 입속으로 격조

없이 빨려 들어가는 라면의 템포를 곁눈으로 엿보면서 느끼는 쓸
쓸하고 낮은 연대는 삽시간에 그 음식의 역사와 풍경을 무죄로 만
들어버린다.

라면과 마찬가지로, 누구나 쉽게 접근할 수 있을 뿐 아니라
그 인심에서도 가장 앞길에 놓이는 김치 역시 탁월한 사회적 평등
자의 기능을 수행해왔다. 물론 개인과 체계가 합체를 이루고 있는
지금은 김치조차 자본주의의 바깥이 아니건만, (라면이나) 김치
를 나누고 먹는 풍경은 이제는 망실해버린 넉넉한 증여의 이미지
를 풍긴다.

실은 자본제적 세속과 그 '피로의 체계'를 넘어서서 증여와
우정의 환상을 되살려내려는 (사이비) 평등자로서 사회적 효과
가 지대한 것은 역시 술이다. 각박한 교환과 거래의 셈평 속을 아
등바등거리다가 도시의 조각난 어스름에 업혀 술자리를 찾는 일
은 바로 그 이미지에 섞여든 증여와 쾌락의 환상 탓일 것이다. 이
와 더불어, 서로 많이 먹고 먹이지 못해 안달을 부리는 술자리만
의 낭비와 사치와 혼동은 도시의 부박한 네온사인만큼이나 헛된
환상을 준다. 하지만, 다 아는 대로, 그 환상은 세속의 체계를 넘어
가려는 새로운 개창開創의 입구가 아니다. 이미 그 환상마저 체계
와 세속의 일부인 것이다.

물론 이제는, 라면과 김치와 술보다는 휴대전화(스마트폰)로 대표되는 신매체야말로 명실공히 사회적 통합의 평등자로서 그 위세와 기능이 대단하다. 스마트폰의 가입자가 물경 3000만 명을 넘어선 지가 꽤 되었다고 한다. 시장을 통한 개성화가 결국은 표준화의 다른 이름에 불과하다는 여러 사회학자의 지적처럼, 신매체의 기능적 첨단성을 향한 '쏠림 현상'(강준만)은 허영과 변덕에 기초한 과잉 평등으로서, 인간의 자율과 창의성을 제고하는 토양이 되지 못한다.

　　'과잉 정보'(닐 포스트먼)의 경우처럼, 상품 형태를 띤 과잉 평등자들은 개인들의 평등과 자유와 개성의 매체이기 이전에 이미 자본제적 세속의 체계적 관리 대상에 편입되어 있는 것이다. 평등조차 상품이 되어 단편적으로 구입할 수 있는 세속에서는 차라리 진정한 차이를, 자발적 결여를, 급진적인 부재不在를 다시 선택해야 할지도 모른다.

사회적
신뢰와
공공성

외상성 신경증 trauma은 차마 집요한 것이다. 몸과 마음 사이에 틈이 벌어져 있는 고등생물이라면 응당 지불해야 하는 특유한 삶의 비용이다. 가령 '고등'어나 천사들에게는 없다고 여겨도 좋을 것이다. 이 비용은 개인과 사회를 가르지 않는다. 한 사회가 정교하고 아름다워지는 과정에서 이 현상에 대한 대처는 일종의 지표가된다. 이른바 '선진국'이란 재난이 없는 사회라기보다 이에 대한 대처 방식, 그리고 사후의 후유증을 다스리려는 협의와 제도적 배려 속에서 자신을 증명한다. '트라우마'라는 용어가 사회적 의미를 띠게 된 근년의 추세도 이와 관련된다.

신경증 일반이 그러하듯, 트라우마에서는 응당 개인과 사회가 겹친다. 재난의 피해자들은 결국 그 상처를 이해해주고 다독거

려줄 다른 '사람'들을 향할 수밖에 없다. 그러나 사람의 위안을 구하는 것은 상정常情이지만, 상정에 내남없이 쏠리는 것은 결국 현명한 대처가 아니다. 여기서도 개인의 호의가 아니라 사회의 신뢰가 긴요한 것이다. '선진'이라는 편의적 구분에 뜻을 부여한다면, 나로서는 오직 '사회적 신뢰도'라는 지표를 내세울 뿐이다.

한국 사회의 사회적 신뢰도는 아직 낮은 편이다. 일본이나 구미歐美의 경험에 견주어보면 금세 체감이 온다. 사회적 신뢰의 일차적 대상은 이른바 공적 영역인데, 주로 서민들이 일상적으로 접하는 공무원 계층 일반에 대한 믿음성이 비근한 사례가 된다. 얼마 전 나는 전입 신고차 읍사무소에 들렀다가 좀비 같은 표정 아니면 매양 찜부럭을 부리는 그들의 태도를 다시 접하면서 수십 년 묵은 트라우마가 일시에 도지는 경험에 시달렸다. 내 평생의 트라우마는 창구에 포진한 공무원들의 시선이었다는 사실이 끔찍하고도 새삼스러웠다.

이 경험에서 내가 견지하고 있는 이론은 대략 이런 것이다. '자신의 시선을 스스로 관리하는 능력을 통해 한 사회의 공공성公共性이 구성되는 방식을 살필 수 있다!' 이를테면 공적-사적 관심을 합리적으로 나누고, 각 관심의 영역에 적절한 시선과 태도를 조절하며 배치하는 능력이다. 말할 것도 없이 근현대 국가의 초석은 중앙집권화된 관리 체계를 전담하는 관료층의 효율성이다. 국가家의 안방은 응당 관료/공무원들이 지배하고 있는 것이니, 이들의 관심과 시선이 지리멸렬해서 공적 영역을 야무지게 확보하지 못하면 그놈의 국가에 효율이 있을 리 없고 비상시에는 아비규환의 도가니를 연출하기 십상이다.

　　오래전 내가 미국에서 유학생활을 할 때의 이야기다. 작은 잔치에 초대받아 여럿과 어울려 흥겨운 시간을 보내던 중, 어느 젊은 엄마의 혼겁스러운 괴성怪聲에 일순 분위기는 돌변했다. 안고 있던 아기가 경기驚氣를 일으킨 것이었지만, 내남없이 경험이 얕아 더불어 당황하고만 있었던 것. 그제야 누군가가 911을 불렀는데, 실로 3분 내로 3팀(소방서 구급팀, 경찰, 의료팀)이 총알같이(!) 달려왔고, 외려 내 감동은 그들이 사태를 진압하고 구난救難하는 듬직한 민완함이었다. 배운 이들은 한결같이, 사뭇 추상적으로 빅브라더big brother의 감시와 통제를 염려하지만, 이는 재난 시에도 여전히 무능한 부모와 언니들을 경험해보지 않은 탓이 크다.

　　마찬가지로 가장 나쁜 부모는 위기 시에 스스로 패닉panic을 일삼는 이들이다. 부모든, 관료든, 혹은 정권이든 공적 신뢰의 초석을 이루는 체험은 난경에 처할 때 원칙 있는 시선과 태도를 견결하게 보여주는 일이다. 역설적이지만, 파시즘의 지구적 재난을 연출한 바 있는 독일과 일본은 이 논의에서 큰 교훈을 준다. 독일 사회의 공적 신뢰도는 외려 미국을 능가하는데, 그런 뜻에서 독일 사회의 공공성Öffentlichkeit은 퍽이나 이중적이다. 식구들을 일사분란하게 동원할 수 있는 사회가 평소 최고의 공적 신뢰도를 유지한다는 우울한 사실에서 우리는 적절한 지혜를 얻어야 한다.

일본의 공공성おおやけ 또한 강력하고 조밀하다는 점에서 독일을 방불케 한다. 이는 세계 최고의 재난 대처능력으로 이어지고, 국민 개개인은 겉보기에 양순하며 규칙에 순종하는 시민으로 재생산한다. 사회적 신뢰란 바로 이 공공성에 대한 믿음에 터한다. 중국이나 한국처럼 이 신뢰가 낮은 곳일수록 겉모습이 더 역동적이며 관료들의 부패가 심하다. 물론 독일이나 일본처럼 신뢰가 과도하게 쏠리면 전체주의로 퇴락하기도 한다.

체계를
애도하다

외상후 스트레스장애 환자들을 치유하고 회복시키는 프로그램에
는 보통 '애도哀悼' 절차가 포함된다. 이 방면의 고전(『외상과 회복
Trauma and Recovery』, 1997)을 남긴 주디스 허먼도 그녀의 오랜 임
상 경험을 바탕으로 '애도는 외상 피해자들의 상실에 경의를 표시
하는 유일한 방식'이라고 단언할 정도다. 의사라는 직업적 한계를
감안하더라도, 복수의 환상이나 보상의 환상을 털어내고 애도를
통해 피해자의 내면성을 회복하라는 허먼의 진단과 조언은 진보
적 페미니스트로서는 다소 의외의 보수적 이데올로기성을 내비친
다. 그러나 외상의 체험 속에 상실한 것들을 깊이, 완전히 느끼려
는 애도가 상처 입은 자아를 재구성하고 사회적으로 의미 있는 네
트워크를 재구축하는 데 필요한 동기와 동력을 준다는 지적에는

자본과 영혼

폭넓은 생산적 함의가 번득인다.

　물론 애도의 치유력은 종교적인 지평에 닿아 있다. 임권택의 「축제」(1996)가 흥미롭게 형상화했고, 또 장제葬祭 일반이 그렇긴 하지만, 망자의 추도는 주로 살아남은 자들의 치유와 화해를 위한 것이다. 가령 엘리아스 카네티는 역작『군중과 권력Masse und Macht』(1978)에서 종교의 알짜는 예나 지금이나 애도–의식이며, "'애도의 종교'는 인류의 정신적 살림살이를 위해서 언제까지나 필수불가결한 것"이라고 진단한다.

　그러나 야스쿠니 신사靖國神社 문제에서 보듯이, 애도의 종교는 체계 이데올로기를 완결 짓는 신화적 아우라의 공장이기도 하다. (마찬가지로, 허먼의 치유적 여성주의는 정치적 연대를 강하게 주장하면서도 결국 체계의 '외부'를 사유하지 못한다.) 오에 시노부大江志乃夫가 잘 분석해놓았듯이 야스쿠니 신사의 국가사회적 기능은 단순한 진혼鎭魂에서 위령慰靈으로, 위령에서 현창顯彰으로 옮아가는데, 이 현창의 이데올로기적 아우라는 새우등처럼 그 바닥이 뻔해 보인다. 체계 이데올로기의 현창에 동원되는 사이비 지식인과 예술가들을 우리는 줄줄이 욀 수도 있다. 그러나 히틀러 암살 모의에 가담했다가 처형당한 비종교화의 신학자 본훼퍼(1906~1945)는 그 자신이 목사이면서도 나치의 국가 폭력의 희생자들을 단순히 애도하는 성직자의 역할을 거부하고 가해자의 심장을 향해 비수를 들이댔다.

애도에 대한 새로운 문제의식은 상처나 그 애도를 체계 자체와 맞대면시키는 일에서부터 생성된다. 의사나 성직자와 같은 치유자들은 대개 체계의 일꾼인지라 체계 자체를 문제시하는 게 쉽지 않다. (울리히 벡 등이 현대사회의 거시적 위기나 가족 갈등이 모두 '체계적'이라고 하듯이) '체계'일 수밖에 없는 현대사회 속의 상처는 응당 '체계적'이지만, 정작 그 상처를 보살피는 이들은 이미 체계 속으로 너무 깊이 안착해 있어, 그 상처의 체계적 뿌리를 헤아리지 못한다. 이들의 선량한 호의조차 그 상처의 기원을 특정한 사건이나 사고, 우연이나 인간관계로 소급시키곤 한다. 그들은 자아와 체계가 뒤섞인 지점, 그러니까 좌우의 이념적 논쟁을 넘어선 현대적 일상성의 지평을 보지 못하는 것이다.

우선 애도를 자기 상처와 상실에 대한 일종의 의식적儀式的 공대로 재서술할 수 있다. 심지어 특화된 시간과 장소 속에서 카타르시스와 갱신, 나르시스와 화해를 도모하는 의식적 행위 일체를 애도라고 부를 수도 있을 것이다. 예를 들어 기업–체계 속의 정해진 노동량을 채우고 귀가한 K가 촛불이 은은한 화장실의 욕조 속에 몸을 담근 채 가만히 눈을 감고 그 체계 밖으로 정서적 '산책'을 나선다면 그것은 사적 종교의 형식을 갖춘 자기 – 애도가 아니고 무엇일까? 혹은, 기형도의 유명한 말처럼, "사랑을 잃고 (시를) 쓴다"면, 그것은? 혹은 백자白磁의 흰빛 속에서 연녹색軟綠色 찻잎이 풀어지는 템포로 당신의 마음조차 풀어지는 시공간을 얻는다면?

요가나 명상, 재즈댄스나 야마카시, 식도락이나 연극 사랑, 차茶 사치나 연애, 파워 워킹이나 템플스테이 등은 모두 자본주의적 체계와 빚는 마찰과 소모, 피로와 허무를 애도하는 사사화된 종교의 형식일 수 있다. 혹은 도덕과 형이상학 이후에 현대인들을 사로잡는 "실존의 미학적 규약"(푸코)일 수도 있다. 그러나 논의의 벼리는 이 형식들이 체계의 다양성이 아니라 '외부성'을 발굴해가는 노릇에 있다. 애도에 대한 새로운 인문학적 상상은 체계의 알리바이로 변한 갖은 애도의 형식에 대한 발본적 비판에서부터 출발할 것이기 때문이다.

재벌 회장과
총

사가私家에서 칼을 전시, 과시하는 낡은 풍습은 21세기의 소비자-인간인 우리에게도 그리 낯설지 않다. 그것은 칼잡이들이 무인 정치를 일삼았던 일본의 것만도 아니다. 아니, 전 세계에서 유례를 찾아볼 수 없을 만치 도도한 문사의 세계였던 중세 이후의 한반도에서도 그 세도와 가풍의 일단을 명장名匠의 칼로써 드러내던 반가班家가 많았다. 물론 글씨와 그림을 넣은 족자와 액자라면 어디에서든 흔하다. 그러나 세족세가世族勢家가 아니더라도 문턱이나 심처深處에 심심찮게 칼을 게시하던 집안들이 있었다.

한편 동서양을 막론하고 칼, 총, 바늘 따위로 포획한 야수의 시체를 집 안에 전시하는 일도 흔하다. 사슴, 곰, 호랑이, 상어 따위의 죽은 사냥감의 전부 혹은 일부를 집 안에 전시한 것은 생소

자본과 영혼

한 풍경이 아니다. 영화나 소설 등속을 통해 빈번하게 재현되듯이 고중세의 전사들 사회에서 적의 수급首級을 간직하거나 전시하는 풍습은 광범위하게 퍼져 있었다. 이 전시 가치Ausstellungswert의 대상이 주검이라는 사실은 그 자체로 기묘한 카리스마를 부르게 마련이다.

전사의 세계와 수렵의 시대가 아득해 보이는 이 후기자본주의의 환경 속에서도 여전히 칼이나 짐승의 주검을 실내에 전시하는 짓은 '남성성'이라는 역사적 지체遲滯 현상에 얹힌 일종의 노스탤지어일 것이다. 무릇 노스탤지어는 퇴행적이니 당연히 시공간적으로 응결하게 마련이다. 그래서 칼이나 짐승의 시체는 어떤 비자본주의적 과거의 일단을 호출시켜 만든 물화이며 어떤 남성적 삶의 양식을 환기시키는 아우라일 것이다. 혹은 벤야민 식으로 풀어보자면 '반복의 예술'(앤디 워홀)로 치닫는 문화상품의 세계를 넘어 실재의 '흔적'('늘 가까이 다가와 있는 상처')을 보존하려는 시대착오적 욕망이기도 하다. 혹은 발터 부케르트나 바타유를 불러 평설하게 한다면, 그것은 신神의 흔적, 정확히는 신이 탄생하는 사건의 유물遺物인 셈이다.

최근 총기를 휘두르면서 사원들을 지휘, 감독할 리 없는 어느 재벌 회장의 집에서 1개 소대를 무장시킬 수 있는 총기가 발견되었다. 짐작건대 총기류가 비교적 철저하게 단속되고 있는 한국에서도 적지 않은 수의 세력가들은 총이나 명가의 칼을 홀로 만지작거리면서 어느 '없는 과거의 없는 추억'을 실없이 되새김질하고 있을 게다. 그 매서운 아우라가 깎이긴 해도 '총'은 '칼'을 대체한다. 그 회장이 간직한 총기 중 하나는 금박한 권총이라고 보도되었는데, 이 금박은 칼날을 옹위하는 그 카리스마의 직접적 실재감을 대체하려는 노력이기도 하다.

이들(광의의 '귀족'들)이 칼이나 총 혹은 곰이나 호랑이를 전시하고, 호미나 쟁기 혹은 보리나 감자를 전시하지 않는다는 사실은 당연하면서도 중요하다. 바타유의 분류처럼, 이들의 세계는 노동의 세계가 아니라, 축제와 금기(위반)와 종교와 사냥의 세계이기 때문이다. 한편 자크 르코프의 해석에 따르면, 중세의 군주나 귀족들은 단지 사냥을 좋아할 뿐 아니라 그 행위를 자신들이 보유한 권력의 본질적 행사로 여겼다. 이 특권적 신분의 유력자들이 생계형 노동 대신 유희형 사냥에 탐닉하는 것은 그 자체로 신분의 존재론적 증명인 셈이다. 이와 함께, 중세의 기사 계급을 '싸움을 유희처럼 즐기는 무리'라고 정의했던 하위징아를 떠올려볼 만도 하다.

생계를 걱정하지 않을 뿐 아니라 특정한 비생산적 (사치)활

자본과 영혼

동으로 자신의 신분을 증명하던 역사적 귀족 계급은 근대적 노동자의 세상과 함께 몰락했다. 그러나 '노동의 자유Arbeit macht frei!'라는 궁색한 근대적 자유에 순치될 수 없는 이들은 늘 있어왔다. (기사의 영혼들은 내 해석에 굳은 표정을 짓겠지만) 폭력의 아우라를 통해 무노동의 판타지를 현실화시킨다는 점에서 현대의 조폭은 곧 기사의 후예들이다. 기사나 사무라이들이 농민 계급에 기생했듯이 오늘날의 조폭은 상인들에 기생한다. 그러나 이 현상은 현직(!) 조폭들에게만 국한되지 않는다. 노동자 대중에게 기생하면서 무노동의 고중세적 판타지를 발밭게 구체화시키는 신귀족 계층은 우리 사회에 광범위하게 퍼져 있다.

그렇게 보면, 조폭처럼 행세한 어느 재벌 회장에게서 다수의 총기가 발견되었다는 사실은 오히려 자연스럽다. 죽음을 부르는 이 무기의 존재는 수많은 노동자를 거느린 재벌 총수의 무의식을 내비친다. 베블런의 말처럼 유한계급의 무기는 생산적인 노동에 사용할 수 없다. 그렇다면 노동자 왕국의 재벌 총수가 숨겨둔 그 무기들은 대체 무엇이었을까?

4 부

동승자의 타자

고백은
반칙이다

갖은 사생활을 샅샅이 염탐당하는 지금에도, 자신만의 '진정한authentic' 내면성을 쟁여놓고 있기라도 한 듯이 행해지는 고백의 자리에서는 잃(잊)어버린 과거의 것이 추억처럼 반짝인다. 이것을 조금 어렵게 말하자면 '음성(청각)중심주의phonocentrism' 효과에 의해서 잠시 신기루처럼 드러나는 고백의 형이상학이다. 조금 구체적으로 고쳐 말하자면, 다른 감각에 비해 청각은 음성이라는 비매개의 매개를 통해 상대의 진실이 직입直入한다는 상식, 혹은 편견이다. 물론 고백이 반드시 음성을 통하는 것은 아니다. 은근한 표시로 넌지시, 뒤늦게 전해지는 고백은 오히려 더 호소력 있기도 하다. 문제는, '고백'이라는 형식 자체가 글자든 이메일이든 심지어 휴대전화의 문자 메시지든 상관없이, 마치 음성적인 직접성에 호소하는 듯한 착각을 준다는 것이다. 예를 들어 다 아는 대로, '내가 당신을 얼마나 사랑하는지 당신은 모르시지요?'라는 말은 이미 말이 아니라 그런 종류의 '형식'일 뿐이다.

풍경(장면의 형식)이 기원을 숨기고 이야기(서사의 형식)가 사실을 숨긴다고 하지 않던가. 마찬가지로 대체로 형식과 내용은 서로를 감추어주는 효과를 낸다. 어느 축구 선수가 시속 100킬로미터 이상을 달릴 수 있다고 해서 그를 축구계에서 퇴출시킬 수는 없을 게다. 혹은 선천적으로 그의 이마 쪽에 넓은 굳은살이 생겨 헤딩에 남다른 솜씨를 보인다고 해도 마찬가지다. 그러나 그는 결코 공을 손으로 다룰 순 없다. 비록 그가 아무리 살짝, 혹은 아무리 느리게 잡더라도 말이다. 여자 팀에 남자가 숨어들어가 뛸 수도 없다. 반칙은 늘 '형식적'이며, 형식을 깬다.

형식은 이런 식으로, 내용의 변화와는 다른 (넓은 뜻의) '정치적' 동요를 일으킨다. '내용에 휘둘리지 말고 그 형식을 잘 살펴야 한다'는 취지의 격언들은 이런 식의 정치적 동요를 경고하고 있다. 내용의 번란한 – 달콤한 풍경으로 정치성을 숨기는 일은 일상의 갖은 이데올로기 투쟁 속에서 너무나 흔하기 때문이다. 미끼 – 내용의 풍경에 취해 그물 – 형식 속에 스스로 들어오는 물고기들처럼, 잘못 선택된 형식적 변화는 치명적이다. 고백이라는 형식적 장치도 마찬가지다. 고백이라는 환상적 내용, 내용적 환상에 지피게 되면 장치, 제도, 형식으로서의 고백은 금세 잊힌다. 신자가 사제에게, 환자가 의사에게, 학생이 선생에게 하는 사적 고백의 내용은 반드시 속죄와 치료와 교육에 이바지하는 게 아니다. 그것은 우선 다양한 형식의 지배 – 정치를 숨기고 있는 것이다.

고백은 과거의 것, 노스탤직nostalgic한 것, 무언가 전근대적인 아우라를 지니고 있는 것이지만, 앞서 말했듯이, 오히려 바로 거기에 매력이 숨어 있다. 그것은 단지 대화의 실패나 공적 의사소통의 부재를 가리키지 않는다. 성장에서 음탕함의 계기를 빼놓을 수 없다는 지적과 마찬가지로, 무릇 욕망은 퇴폐적으로, 과거의 안정된 리비도적 형세로, 되돌릴 수 없는 것으로 흐르는 법이다. 갖은 문명의 제도와 심지어 사랑의 이데올로기가 세련된 완충을 제공해도 욕망은 과거를, 그 너머를, 그 너머의 어두운 곳을 향해 흐른다. 그래서 고백 속에 '더 깊고 중요하고 참된 것'이 있다고 믿는 태도는 도착적이다. 고백은 대체로 자신의 '생각' 속에서 굳어져, 그 고백이 행위 앞뒤에서 자신도 모르게 이미 개입하고 있는 수행성을 이해하지 못하는 법이다. 고백이 지닌 그 결곡한 진정성의 이미지 탓에 고백은 어느새 '풍경'이 되고 만다. 그리고 그 풍경은 마치 낚시에 걸려 마침내 올라온 물고기, 항문의 괄약근으로부터 근근이 빠져나온 변처럼, 그 이면에 감추고 있는 한량없는 개입의 흔적을 사상해버린다.

그러나 정작 문제는 우리 시대의 고백이 상업이 되고, 심지어 산업이 되었다는 데에 있다. 지젝의 표현처럼 '개인의 프라이버시조차 TV 쇼에서의 공적 고백으로 변한 것'이다. 고백의 제도와 실천이 돈의 안개, 혹은 무지개에 얹히는 순간, 고백을 훈육과 관리의 수단으로 여겨오던 푸코 식의 전통적 분석은 왠지 한끗 어긋나는 느낌이다. 자유와 평등을 위한 오랜 투쟁의 열매조차 결국은 자본의 손바닥 안에서 마치 장난감처럼 놀아나고 있지 않은가. 마찬가지로 신神과 스승과 연인을 호출하고 그들과 접속하게 해준다고 믿었던 전래의 고백은 왕청뜨게 부가가치가 높은 상품으로 변신해 괴뢰비전TV과 출판가를 한순간에 휘어잡았다. 무엇인가 더 '깊고' '중요하고', 더구나 '참된' 것을 발설하는 행위로 여겨지던 이것은 대중의 호기심을 매개하는 매스컴의 위력 아래 이제 무엇인가 더 '외설적이고' '재미있고', 더구나 '파괴적인' 것으로 팔려나가고 있는 것이다. TV의 토크쇼나 리얼리티 쇼, 각종 오디션 프로그램 등은 '고백(개인의 진실)의 판매'라는 코드에서 정확히 일치하는 행사들이다. 갖은 개입의 흔적을 배제한 최종적인 상품-풍경의 자리에 진정성의 표식이었던 개인의 고백이 상표

자본과 영혼

와 가격표를 붙인 채 화려하면서도 우스꽝스레 전시되고 있는 것
이다.

암송,
약속,
연극

시몬 베유(1909~1943)는 제 깜냥껏 혁명가 노릇에 투철했으면서도 신비 체험에 노출되곤 했던 모순덩어리의 존재였다. 그녀의 짧은 삶과 기이한 죽음은, 성속聖俗을 일관해서 지켜나가려 했던 어떤 '정화된 의욕'을 증거한다. 신神이라면 그 발톱조차 잘 보이지 않는 이 시대에, 그녀가 검질기게 유지했던 어떤 종류의 '세속적 경건'을 통해 우리는 이 시대에 가능한 '영혼의 길'을 톺아보게 된다. 자본과 기계들에 뒤덮인 채 이제는 자욱길이 되어버린 그 인간의 길 말이다.

그녀는 그 신비 체험의 한 사례로 그리스도가 친히 강림해서 자신의 손을 잡았다는 기록을 남겼다. 물론 이런 식의 체험은 별스런 게 아니다. 그리스도와 부처를 비롯한 수많은 신이 그 신자들의 정성에 현신응대現身應待했다는 기록과 전승은 관료와 사업가들 사이의 향응만큼이나 부지기수로 널려 있기 때문이다. 정작 인상적이며 시사 깊은 대목은 "그리스도가 강림해서 그 손에 잡힌 것은 제가 암송할 때"였다는 말이다.

그러면 왜 하필 암송할 때 신이 찾아왔으며, 암송이란 대체 무엇일(수 있을)까? '생각은 공부가 아니'라는 내 지론에 얹어 재서술하자면, 암송이란 무엇보다 '내 생각'이 아닌 것이다. 생각이란 그 근본에서 개인의 욕망과 기분에 부닐기 마련이며, 그런 뜻에서 아직 '이론'이 아닌 것을 말한다. (이론은 늘 개인들의 자기중심성 너머에서 작동하는 이치들을 끌어안는 넉넉한 품을 지닌다.) 그러므로 거두절미하고 요점을 짚자면, 암송이란 결국 자아와 싸우는 행위에 다름 아니다. 내(1)가 죽어야 그(3)가 찾아온다는 이치는 여기서도 고스란히 반복된다. 더구나 베유가 특히 '집중'을 통해 정신의 정화와 상승을 노렸다는 사실은 그녀가 누린 신비 체험의 성격을 잘 드러낸다.

이런 뜻에서 암송(혹은 낭독)과 닮은 이치를 품은 것은 약속이다. 약속은 암송과 마찬가지로 필경 '자아'의 욕망으로 돌아가는 갖은 생각을 제어한 채 '타아他我'에 직심스레 충실하려는 행위이기 때문이다. 내가 약속의 대척점에 있는 것을 역시 '생각'이라고 여기는 이유도 결국 개인의 생각이란 기분과 변덕의 회오리에서 결코 자유롭지 못한 탓이다. 그런 점에서, 내가 늘 주목해왔던 생각과 변덕의 매체는 휴대전화이며, 이미 인간의 육체를 경미하게 사이보그화하고 있는 이 기기의 최대 미덕은 파약破約이다. 그나저나 생각이 아닌 낭독에 집중했을 때 그리스도가 주어졌다면, 생각이 아닌 약속에 집중할 경우에도 우리에게 신神이 주어질 수 있을까? 이 경박부조輕薄浮躁한 시대에 암송의 집중과 약속의 집중을 통해 얻을 수 있는 것은 대체 무엇일까?

물론 나만, 내 생각만, 내 변덕과 기분만, 내 욕망과 자기보존만 있는 이 시대에 암송과 약속의 윤리학적 실천은 무엇보다 타자의 실재성에 다가서게 돕는다. 나는 이 취지를, 암송과 약속에 이어 '연극'이라는 개념과 실천을 통해 구체화할 수 있다고 본다. 자서전을 대필시키는 이들의 나르시스적 심리에서 쉽게 엿볼 수 있듯이, 나는 '연극적 실천'의 반대말로 '자서전적 태도'를 꼽는다. 그리고 자서전적 태도에 전형적인 게 '내 생각'이므로 역시 연극은 무엇보다 내 생각의 늪을 넘어 타인과 타자의 존재감에 이르는 훈련이 된다.

혹자들은 이미 우리가 신경증을 넘어 나르시시즘의 시대를 살고 있다고 진단한다. 개성과 자유라는 이름 아래 에고의 생각과

자본과 영혼

변덕이 극성을 부리는 시대 말이다. 나는 이 에고의 극성을 제어하고 타인/타자와 더불어 슬금하게 살아가는 세속적 경건의 지혜를 암송과 약속과 연극적 실천 속에서 찾아본다. 이 세 가지 매체는 한결같이 자기 생각과 기분을 넘어가는 훈련을 제공하며, 낯선 역할에 집중함으로써 타인/타자의 지평으로 몸을 조금씩 끄-을-고 나가게 도와줄 수 있을 것이다. 바로 이것이야말로 구동존이求同存異요 화이부동和而不同의 길이 아니겠는가? 알량한 '너'를 넘어가려면, 암송하고 약속을 지키고 연극적 실천을 하시라!

박지성과
무지無知에의
욕망

조금만 사태를 진득이 관찰해보면, 아는 것과 좋아하는 것은 별반 서로 상관이 없다는 것을 깨단할 수 있다. (우리가 우리를 좋아하는 사람들을 제대로 알려고 하지 않듯이 말이다. 좋아하는 순간의 감성에 의해 한순간이나마 이성은 거의 '초토화'된다고 해야 할 것이다. 그렇기에 생각은 공부가 아니며, 공부의 기초는 이 감정과 기분의 불꽃놀이보다 훨씬 질긴 사유의 힘을 키우는 데 있다.) 이 시대의 우리가 좋아하는 것은 대체로 애인 혹은 애인과 같은 것이거나 상품 혹은 상품과 같은 것이다. 실은 애인이 곧 상품이며 상품이 곧 애인이 된 시대가 바로 우리가 살아가는 세속이기도 하다. 친구를 묵은 술酒에 비기고, 애인을 새 차茶—차라리 시속에 맞게 새 차車라고 고쳐야 할까?—에 비기곤 하듯이, 애인의 매

자본과 영혼

력이 그(녀)에 대한 무지에 의존한다는 사실은 분명해 보인다. 그래서 시인 고은은 "모르는 여인이 아름다워요!"라고 하잖던가? 이런 점에서는, 소비자와 상품에 대한 관계란 애인과 그 대상에 대한 관계와 정확히 일치하며, 이는 굳이 재론할 필요조차 없이 널리 알려진 바와 같다.

그래서 인간의 정신적 진보는 앎에 대한 끈질긴 저항을 거슬러 힘겹게 이루어지는 법이다. 그런 뜻에서 인간중심적 쾌락과 인간소외적 앎 사이의 거리를 절감하는 일은, 마치 땅에 붙박인 채 살아오던 인간이 처음 지구라는 구체球體를 자신의 맨눈으로 확인하던 때의 경이를 방불케 한다. 쾌락이 무지에 의존한다는 사실을 따지는 데에도 그 갈래가 여럿이다. 그중에서도 가장 일반적인 사연은 앎에 따르는 비용일 것이다. '알면 다쳐!'라는 시쳇말이 뜻하는 바는 이처럼 일상의 쾌락이 깃드는 방식을 투박하지만 뚜렷하게 가리킨다. 갈릴레오의 태양과 지구에 관한 지식에서부터 '내 가족이 어느 여름날에 저지른 일'에 대한 지식에 이르기까지, 그것들은 기존 체계와 상식, 혹은 관계와 정서에 위협을 가할 수 있는, 말하자면 '요람을 흔드는 손'이 되기도 한다. 쾌락의 수위를 넘어가는 지식과 마주할 수 있는 것은 이미 지능의 문제가 아니다. '자신보다 더 큰 자신'에게 문을 열어주지 않는 이상, '자신보다 더

작은 자신'의 존재를 위협하는 앎은 억압되거나 비껴갈 뿐이다. 그러므로 일상의 욕망이 무지無知 속으로 퇴각하려는 것은 이미 자연스럽다.

*　　*　　*

나는 소싯적에 5년 가까이 구기 종목의 운동선수 생활을 한 경험 덕으로, 가령 한눈으로 축구 시합을 힐끗거리면서도 어디가 꼬리인지 어디가 머리인지 하는 것쯤은 쉽게 알아챈다. 역시 내 개인의 식견에 불과하지만, 손흥민이니 뭐니 해도 한국에서는 아직 '총체적'으로 차범근을 넘어설 선수가 없다는 사실도 쉽게 알아챈다. 마찬가지로 호날두의 기량을 흔히 메시와 곁붙여 비교하지만 둘은 같은 레벨의 선수가 아니며, 메시의 솜씨는 호날두의 가능한 '경험'치를 넘어서 있다는 사실도 금세 알아챌 수 있다.

내가 가장 이해할 수 없는 것은 이미 국민적 축구 영웅이라고 해도 좋을, 대중적 사랑을 받고 있는 박지성에 대한 국민의 '지식'이다. 박지성이 평발을 가졌다는 사실을 우리는 알고 있으며, 그가 산소탱크처럼 대단한 심장을 지니고 있다는 사실도 알뿐더러, 체력 소모가 많은 전력 질주를 자주 한다는 사실을 우리는 아는 데다, 심지어 어느 외국 기자의 표현처럼 "쉬지 않고 뛴다_{running} running running and never stops"는 사실도 알고 있고, 또한 그의 발은 굳은살과 상처의 흔적으로 가득하다는 사실도 알고 있다. 그러나 박지성에 대해 유포된 이런 지식이 지향하는 의미와 가치는 대체 어디일까? 박지성의 주종목은 실은 축구가 아니라 장거리 달리기 선수였던 것일까?

직업적 현실과 그에 관한 지식 사이의 이 같은 어긋남은 단순히 국민적 관심과 애정에 의해 은폐되는 게 아니다. 그 부적확성은 때론 우스꽝스레 확대 재생산되곤 한다. 실은 종교적 열광이나 이와 유사한 집단적 정념은 대체로 유사한 형식을 취한다. 이 형식을 통괄하는 취지는 '진리와 사랑, 혹은 충성은 끝끝내 승리한다'는 것이다. 대중적 선동에 의해서 몰밀려가는 정치적, 종교적 운동은 이처럼 '몽매주의적 자기전염obscurantist self-contagion'으로부터 동력을 끌어낸다. 이것이, 변덕의 자리인 정념에서 기계적 일관성이 생기는 이치다. 차분히 보고 있으면, 박지성에 대한 국민적 사랑과 호평도 이 대중적 자기전염에 의한 일관성에 의해 자가발전한다. 그리고 이미 국민적 쾌락의 기호로 등극한 박지성에 대한 우리의 사랑은 그 부적확성 자체를 즐기는 도착_{倒錯}의 수준에까지 이른다.

그의 활약과 골 소식을 보도하는 미디어의 시선은 참으로 가관이다. 먹이를 포착하는 즉시 막장을 보고서야 물러나는 메뚜기떼나 하이에나 떼와 다를 바 없어 보인다. 가령 박지성보다 잘생긴 이동국, 그보다 태도나 성질이 나쁜 고종수나 이천수, 그리고 (특히) 세계적인 수준에 오른 첫 축구 선수였던 차범근에 대한 보도들을 살피노라면, 이 미디어들의 허무맹랑한 활갯짓과 변덕스러운 농락이 여실히 떠오른다. 그렇다고 해도 우리는 박지성만은 결코 미워할 수가 없는데, 쾌락이 지식을 다루는 방식에 의해 우리의 사랑이 결정되기 때문이다. 그래도, 박지성 파이팅!

자본과 영혼

동승자의
타자

나는 어떤 운전자를, 그리고 그의 운전술을 20년이 지난 지금도 어제 일처럼 선명히 기억한다. 그는 당시 두 명의 늦둥이를 둔 40대 중반의 목사였는데, 가난한 유학생이던 나는 한 시간 남짓의 교회 길을 그의 차에 동승한 채 곁붙어 다니곤 했다. 당시의 동승자同乘者는 나 외에도 그의 아내와 두 아이가 있었다. 워낙 도로 사정이 좋은 덕이기도 했겠지만, 그의 차 안에 있는 내내 나는 내가 이질적인 차체車體에 얹혀 있다는 실감을 한 적이 없었다. 운전은 그가 혼자 했지만, 나를 포함한 동승자들은 그의 '의도'를 짐작하지 못하면서도 그 의도에 의해 내팽개쳐지는 일이 없었다. 몸이 기울어져서 얻는 소격감疏隔感 없이 우리 동승자들도 그 운전에 완벽히 일체로 동화되었고, 마치 집 안에 있는 듯 늘 편안하게 오다니며 갖은 대화에 열중하곤 했다. 그러나 당시에는 따로 개인 승용차를 타본 경험이 없어 당연히 그의 운전(술)을 객관적으로 비교할 수는 없었다. 예컨대 토크빌의 유명한 재담처럼, "프랑스만을 연구하는 사람이라면 누구든지 결코 프랑스혁명을 제대로 이해하지 못할 것"이고, 괴테의 말처럼 "외국어를 모르는 사람은 결국 모국어도 제대로 알지 못할 것"이기 때문이다.

이후 국내에서도 나는 택시를 포함해서 기억할 수 없을 만치 많은 사람의 차에 동승했을 것이다. 그런데도 앞의 경험과 대조해서 특별히 몇몇 사람의 운전술이 옹글게 떠오른다. 그것은 주로 가족이 없거나 혹은 동승자를 자주 태워본 경험이 없는 이들의 것이었다. 사실 상식적으로 짐작해도 가족, 특히 어린아이들을 태우고 다니는 운전자와 나 홀로-운전자의 운전 태도는 으레 다를 것이다. 내 체험도 이 짐작을 벗어나지 않았다. 나 홀로-운전자들의 차에 탈 때마다 늘 두 가지 사안이 관심을 끌었는데, 첫째는 그들이 지닌 어떤 운전 버릇의 존재감이었고, 둘째는 이와 연동된 사실로서 차체와 나 사이에 이격감이 생겨 서로 버성기는 체감이 거칠어지는 것이었다.

누구나 겪어 아는 이 사소한 사실이 내게 각별한 의미를 띠게 된 것은, 운전과 관련한 차 안 풍경을 '의도意圖'라는 개념을 통해 재구성, 재해석해보게 되면서였다. 나는 착석한 채 나홀로 - 운전자의 '의도'에 의해 이리저리 기우뚱거리거나 내몰리는 경험을 계속하면서, 차츰 그의 의도와 내 몸 사이의 관계를 살펴보게 되었다. 당연히 운전자의 의도를 내가 낱낱이 알 순 없다. 그러나 그 의도에 내 몸을 무슨 짐짝처럼 부리려는 흉계나 음모(?)가 있을 리 없고, 그 역시 자신의 운전 버릇에 얹히고 교통 규칙에 규제당하면서 평심하게 손발을 놀리고 있을 뿐일 게다.

요점은 이렇다. 비록 내가 운전자와 지근에 앉은 동同승자이긴 하지만, 나는 그와 동同일자가 아닌 타他자라는 사실이다. 그리고 흥미롭게도 이 사실은 내게 영영 감추어져 있는 그의 '의도'에 의해 완성된다. 진리를, 혹은 공부 일반을 의도와의 버성김이나 싸움이라고 하는 이유도 바로 여기에서 분명해진다.

내 생각에 붙박인 나는 세상과 인간을 바르게 볼 수 없고, 내 의도를 고집하는 나는 남의 몸을 소외시키게 마련이다. 자신의 몸을 끄-을-고 나가지 않는 이상 대화는 공전하며 공부는 허영이고 종교는 환상이다. 운전자와 그 동승자를 눈에 보이지 않는 담으로 갈라놓고, 동승자의 몸을 자신의 의도 바깥으로 내팽개치게 만드는 것은 다름 아닌 운전자의 의도다. 그 소박하고 일상적이며, 심지어 선량하기까지 한 의도 말이다.

의도가 담이다. 심지어 '지옥으로 가는 길은 선의善意로 포장되어 있다'지 않던가. 의도가 불통이고 배제이며 의도가 폭력임을 깨치는 일이야말로 화이부동和而不同의 실천적 지혜를 얻는 길이다. 택시 기사에서부터 대통령에 이르기까지 운전대를 잡은 이는 동승자들에게 타자다. 이 사실을 깨치고 견결히 실천하지 않는 한, 그(녀)의 의도는 겸선兼善에 이르지 못하며 그(녀)의 운신은 불통으로 떨어진다.

자본과 영혼

딸과
여자

딸은, 여동생은, 조카는 여자일까, 아닐까? 혹은 돌려 말해서, 아버지는, 삼촌은, 혹은 오빠는 그 관계와 역할과 지위를 얌전히 보전하기 위해서 자신의 남자를 얼마나 감추거나 변색, 혹은 탈색해야 할까? 마찬가지로 이들은 생활의 여러 계기와 관계의 변화에 따라 겨끔내기로 소용되는 자신의 여자 혹은 남자를 어떻게 배치하고 분배하는 게 현명할까? 아내와 어머니가 가족 속의 남자들(남편과 아들들)과 관련해서 이미 충분히 안전하게 동화된 반면, 남편과 특히 아버지는 그 여자들(아내, 그리고 특히 딸들)을 향해서 아직 충분히 '중성화'되지 못한 존재일까? 여태 적절히 중성화되지 못한 아버지라면 그들은 '실내'에서 자신의 딸들과 어떻게 살아가고 있을까?

가족의 역사는 내적 결속과 안정을 기할 정도로 튼실해 보이고, 족외혼族外婚의 배치에 기원을 두는 가부장적 체제는 여태 지속되건만, 딸들은 왜 여전히 그 아버지들의 성적 먹잇감이 되고 있는가? 왜 그들은 위험과 낙인의 수치를 무릅쓰면서까지 족내族內에서, 실내에서, 제 핏줄 속에서 쾌락을 구하려고 하는가? 더구나 우리 사회처럼 어느 초등학교로부터 반경 수백 미터의 거리 내에서만 20여 개의 성매매업소를 적발할 수 있다는 접근 - '성性 높은' 편리한 사회에서 왜 딸들은 아버지들에 의해 지속적으로 강간당하는가?

근자에 대검찰청이 밝힌 통계에 따르면, 2008년에 293건이었던 친족 성범죄는 2010년 369건에 이어 2011년 469건으로 늘었다고 한다. 불과 4년 동안 60퍼센트 이상이 늘어난 셈이다. 물론 내게 이 따위 통계는 달밤에 원숭이 하품하는 소리로밖에 들리지 않는다. 내 추정은, 누구나 그 실상을 들으면 입이 떡 벌어져서 2박3일 동안 차마 닫지 못해 턱주걱이 마비될 정도의 수치에 이른다. 그러나 앞의 통계치는, 이미 그것만으로 온몸을 관변식官邊式으로 파르르 떨면서, "최근에는 이혼율이 높아져 의붓아버지로 인한 피해가 잇따르고 있다"고 구차스러운 사족을 달아 굳이 친아버지들을 구제하려고 안간힘을 쓴다.

자본과 영혼

물론 내 추정은 냉소적이거나 외람되어 보이기까지 하고, 이를 실증할 통계 자료도 빈약하다. 그러나 그 누구의 표현처럼, 때론 객관적으로 입증된 사실보다 '가능성의 중심'으로부터 사유하는 것이 외려 진실에 더 바투 다가선다. 욕망의 진실과 관계의 이면에 대한 대범하고 근본적인 탐색과 분석은 생략한 채, 어렵사리 폭로되어 겨우겨우 처벌되는 범죄 사례들에 호들갑스럽게 반응하면서 기존 체제와 관행을 서둘러 미봉하려는 태세는 무책임할 뿐 아니라 사악하기까지 하다.

　　'스위트 홈'의 이상을 품은 가족이기도 하지만, 밖에서 보자면 그것은 일종의 이익집단이기도 하다. 학자들은 아예 자본주의적 단말기로 여기거나 마지막 이데올로기적 장치로 보기도 하지 않던가? 그러나 구성원들 간의 내부 관계는 이해利害보다는 사랑이니 친밀성이니 추억이니 하는 '리비도적 결속'을 알짬으로 한다. 그러므로 (프로이트가 잘 밝혀놓았듯이) 가족 공동체의 성립 요건과 유지의 비결은 당연히 때로 위험할 수도 있는 리비도적 결속의 정념을 성공적으로 승화시키는 데 있다. 당연한 것이지만, 이 지침은 엄격히 성행위를 금지하는 관계들(가령 부녀관계)의 경우에 극도로 중요해진다.

　　그러나 터부시된 이 금지의 지침이 도덕적, 법적 규제의 안목으로는 감히 상상할 수도 없는 태곳적 깊이에 닿아 있다면 대체 어쩔 것인가? 강한 의미의 터부taboo에는 다 그런 점이 있듯이, 터부시된 행위 자체 속에 인간의 가장 깊은 욕망이 내내 들끓고 있다면 어쩔 텐가? 친아버지가 친딸을 겁간하는 일에 경악하고 사갈시하거나, 차츰 잦아지는 사건 보도를 놓곤 혀를 차면서 시태時態만을 탓하거나, 혹은 '미친놈들이 제법 있군!' 하면서 고함을 지르는 일로는 영영 볼 수 없고 풀 수 없는 것들이 바로 우리 속에서 암약하고 있다면 대체 어떻게 할 텐가? 혹시라도 애초에 남자들은 야성의 외부로부터 실내로 들어와 중성화된 아버지 되기의 문턱에서 좌절한 존재였다면 어쩔 것인가 말이다.

'술동무'는
없다

나는 오랫동안 '친구'와 '동무'라는 말을 각각 다르게 써왔다. '동무'의 용례를 만들고 그 의미를 채워넣어, 이 개념이 설핏 개창開創해준 삶의 다른 자리에 주목했고, 그 자리에 터를 둔 새로운 관계를 조형하고 실천하려 애써왔다. 몇몇 철학자의 말과는 달리, 개념의 창안은 단지 철학하기도 아니며 자아의 심화에 그치는 것도 아니다. 그것은 '좁은 문'이라는 종교신화적 메타포가 시사하듯이 새로운 관계와 삶, 새로운 '세계의 개창Welterschließung'을 마련하는 '터 다지기'의 일종이기도 하다.

친구와 동무를 가르는 기준과 잣대는 여러 가지지만, 손쉽게 접근할 수 있는 길의 하나는 '술'이라는 매체와 접속시켜 각각의 성분과 삶의 태도를 살펴보는 것이다. 자신이 누구인지를, 자신의 마음으로 헤집고 자신의 입으로 외는 것은 그저 맨망을 떠는 짓이다. 사람의 존재 증명은 늘 타자의 길과 매체의 길을 통해 에둘러 가능해질 뿐이기 때문이다. 매체로 치면 특별히 내 관심을 끄는 게 몇 가지 있는데, 휴대전화, 힐링 테크닉, 술 등이 그러하다. 혁명과 깨침의 '다음 날'을 기약하는 생활정치란 기실 모짝 '매체 정치'이기 때문이다.

나는 술에 대한 통념과 태도를 대여섯 가지로 대별한다. 그 첫째는 종교주의 혹은 도덕주의와 결부된 것으로서, 이를테면 '술은 죄의 씨앗이고 악마의 덫이며 유혹의 미끼'라는 식이다. 둘째는 '술이란 그저 음식의 일종'이라는 평심한 명제이며, 셋째는 '술은 음주자 개인의 취미나 취향을 드러내는 기호嗜好이자 기호記號'라는 문화주의적 해설이다. 내가 보기에 첫째는 과람한 해석이고, 둘째는 안이한 해석이며, 셋째는 전형적인 부르주아적 태도다.

나는 동무를 '인문적 연대의 미래 형식'이라고 간결하게 정의하곤 했는데, 술이라는 매체가 이 미래 형식과 관련되는 방식은 없다. 바로 이 점에서 '술친구'라는 평범한 말이 극명한 대조를 보인다. 내가 분류한바 술에 대한 네 번째 통념은 '술은 친구를 찾아, 혹은 친구가 좋아 마시고 즐기는 그 무엇'이기 때문이다. 그래서인지 친구親舊는 술처럼 묵은 게 좋다는 상식이 만연한데, 그것

자본과 영혼

은 필경 공통의 장소와 시간, 그리고 공동의 추억과 경험에 터하는 낭만주의적 회귀이기 때문이다. 「와이키키 브라더스」(임순례, 2001)가 잘 응집해놓은 단면처럼, 세속의 체계와 알알이 버성기는 상식적인 도시인들의 축제는 술자리이고, 그 사제司祭는 '친구'들이기 때문이다. 술처럼, 친구도 낭만주의적 동일시의 기제이자 관념론적 자기방호의 장치이기 때문이다.

이 네 가지 입장에 공통된 것은 이들이 모짝 술을 개인주의적 차원에 묶어둔다는 점이다. 말하자면 관계와 체계의 문제를 개인의 심리와 취향으로 환원한다는 게 이들의 병통이자 고질이다. 취향조차 계급의 지표이며, 심지어 냄새마저 계급의 차이를 드러낸다고 하지 않던가? '비관주의자는 체계적 사고를 한다'(조르주 소렐)고 여긴다면, 이들이 술과 친구, 즉 술친구에 의탁해서 이 세속적 체계 속을 '즐겁게(!)' 살아가는 모습은 차마 깜찍할 뿐이다.

일종의 '공동체주의적 비관주의자'인 동무는 스스로 견결하게 가꾼 생활양식으로써 세속의 체계를 돌파하려는 이들이다. 이들은 개인의 자유와 희망을 말할 때조차 관계와 체계를 에둘러서 '마침내 성취한' 그 이야기를 한다. 술은 이들에게 개인의 것이 아니다. 외려 술은 자본제적 세속의 체계 속에서 특정한 생활양식을 요구하는 계고장과 같은 것이다. 술이 흔히 개인들의 낭만과 우정, 쾌락과 도피의 골방처럼 여겨지지만, 실은 바로 이러한 통념 자체야말로 체계가 술친구들을 포획하는 방식을 여실히 증거한다. 체계 속에서 순수한 개인은 없다. 우리 시대의 가장 중요한 특징은 체계와 개인의 사통이기 때문이다. 술이 매체기술적 결정 인자가 되고, 친구들이 이 규정력 속에서 오락가락, 일희일비할 때 동무들은 '술'이라는 좁은 길을 통해 체계의 너머까지를 꿈꾸는 것이다.

슬금함의
관념론

우기雨期라고 해도 남쪽은 온통 마른장마라 열흘째 비 소식은 없고, 그야말로 깡깡깡 내리 퍼붓는 노오란 볕살 일색이다. 더구나 내 집은 지붕이 낮은 한옥인 탓에 마치 그 혹서酷暑의 기운이 압축되기라도 한 듯 턱턱 숨을 막는데, 씻고 벗고 선풍기 바람 쐬고 하느라 정신조차 산란하다. 어떤 러시아 기상학자는 사적 유물론보다 태양의 흑점이 인류사를 더 많이 좌우한다는 논지의 글을 발표한 적이 있어 한편 고소를 금치 못했지만, 특별히 생태학적 이력이 적은 나도 근자에는 이런 주장에 차마 동조할 뻔했다.

당연히 정신일도하사불성精神一到何事不成의 관념론을 온전히 신앙하지는 않지만, 몸과 마음의 융통과 습합이야 다 아는 터, 외려 이럴 때일수록 정신을 차리면서 이른바 '슬금한 관념론'의 길에 나서야 할 듯하다. 이를테면 더위와 더불어 살아온 선조들의 자잘한 지혜 속에서 인생 자체를 대하는 큰 가르침을 유추할 수 있을 법하다. 그러니까, 더위가 실로 인생이 어찌할 수 없는 객관적 여건인 것처럼, 인생도 개인의 사사로운 생각과 관념으로는 도통 슬금하게 넘어설 수 없는 거대한 벽이나 대양과 같은 것이다.

'슬금하다'라는 우리말은 '어리눅다+슬기롭다+너그럽다'라는 세 가지 다른 의미가 덧입혀진 채 다소 두루뭉술하게 사용되는데, 나는 최근의 기상이변이나 온난화의 불길한 기운을 살피고 느끼면서, 지식인층에서는 이미 스캔들이 되어버린 '관념론'의 제한된 부활을, 그리고 슬금한 갱신을 연상해보곤 한다.

가령 이런 식의 유추적 예시를 통해 혹서와 인생을 대하는 관념론의 길을 상상해보는 것이다. '철학자 중의 그리스도'라고도 불리는 스피노자는, 자신이 속했던 유대교로부터 갖은 저주를 받으며 파문당했을 뿐 아니라, 그의 중요한 저작들에서 보듯이 기독교에 대한 비판도 시대를 앞서는 첨예함이 있었다. 그러나 그는 기독교로부터 돌아서려는 어느 전도사의 결심을 어리눅은 듯 만류했고, 그가 세든 집 주인 내외가 주일예배에 다녀올 때면 식탁에 동석해서 그들이 전해주는 그날의 설교 내용을 너그럽게 경청하기를 즐기기도 했다. 내가 20대 초반이던 어느 아득한 옛날의

자본과 영혼

단편적인 기억인데, 내가 젊은 기분에 취해 들뜬 채 알거냥하며 길게 뱉어낸 이야기를 너그럽고 어리눅은 듯이 듣고 있던 그 여자는 그저 슬기롭게 짧은 몇 마디로 응해주고 말았지만, 내가 나중에 알게 된 진실(?)은 그런 이야기 정도는 그녀에게 이미 상식이었다는 사실이다. 혹은 이런 이야기도 괜찮을 듯하다. 산사山寺는 언제 찾아도 제 나름의 정취와 품위를 지니고 있지만, 나는 특히 여름 산사에 마음이 머문다. 정갈하고 고풍스러운 산사는 그 존재만으로 더위나 세진世塵을 가라앉히거니와, 이상하게도 나는 부처상 앞에서 예불하는 불자들의 실없고 어리눅은 몸가짐에 깊은 감명을 받는다. 그런가 하면 정작 나는 불자도 아니고 예불에도 관심이 없어, 그저 사찰의 안팎을 조용히 바장일 뿐이다. 그러면서도 동행한 이들이 불자 비슷하게라도 보이면, 냉큼 법당에 올라가서 부처님을 뵙고 오라고 굳이 선손 걸고 나서서 충고, 혹은 강변한다. (내 충고/강변이 마침내 어떤 슬기로움에 이르기를 간절히 바라면서!)

　나는 최근에 발신인 표기가 없는 어떤 편지를 한 통 받았다. 나를 '선생님'이라고 부르던 그 필자의 글 속에서는 별다른 내용 설명도 없이 자신이 오래전 내게 큰 죄를 지었노라고 고백하며 자책하고 있었다. 나는 어리눅은 듯 짧게, 그러나 너그러운 듯 부드

럽게 답장을 띄웠다. "젊어 실수하지 않는 자 적고, 늙어 오염되지 않는 자 적지요 운운." 인생은 그 근본이 어긋남이고, 매사 일희일비의 대상이지만, 통으로 살피면 그것은 그야말로 한 시절의 혹서요, 존재의 열병과 같은 것이다. 마음속에서 허우적거리기를 즐기는 인간에게 이런 객관적 여건은 그 자체로 거대한 장벽이지만, 혹시 바로 그 마음속에도 작은 길이 숨어 있을진대…… 나는 그것을 '슬금함'이라고 부르는 것이다.

자본과 영혼

꿈,
적청화경寂淸和敬의
사회

적寂, 즉 고요함은 시속과 유행에 얹혀 서두르지 않고 시간과 더불어 삶을 조형하는 태도를 말한다. '모든 것은 지나간다'고 하듯이, 그것은 자연을 정복하면서 시간을 거슬러 이룩한 기술과 제도의 방대한 체계마저 인간의 내면 풍경을 다 채울 수 없다는 체감에 터한다. 인간의 실존조차 쉼 없이 바뀌긴 하지만, 그 알짬은 '그것들'만으로는 결코 다 채울 수 없다는 그리움이며 또 시간의 와류 속에 부식되어가는 아쉬움이다. 좋은 사회에 대한 적寂의 조건으로 내가 앞세우는 것은 바로 이것, 무엇보다 그 그리움과 아쉬움을 사회의 문화적 바탕에 깔아놓는 일이다. 적寂의 사회는 분요와 민속敏速의 문명적 먼지들을 자정自淨할 수 있는 장소이며, 적寂의 개인들은 삶의 요란스런 잔칫상을 둘러싸고 있는 죽음의 병풍을 이미 체인_{體認}하고 있는 존재다.

좋은 사회의 또 한 가지 표지는 청_淸인데, 엉뚱하게 들리겠지만 이는 그저 '청소_{淸掃}'를 가리킨다. 이로써 세계 최고의 청소황국_{掃地皇國} 일본이나 정리정돈의 법국_{法國} 독일이 내장한 파시스트적 불길함을 모른 체하려는 게 아니다. 적_寂의 문화가 속을 비우는 삶의 양식에 기초한다면, 청_淸의 문화는 바깥을 치우면서 빈터를 얻어가려는 노력을 말한다. 청소라는 게 비와 걸레 등을 활용하는 일체의 구체적이며 지속적인 행위를 가리키는 것처럼, 빈터라는 것도 별 신통한 게 아니라 실제로 각자 삶의 공간 속에서 몸으로 체감하는 여백과 공터를 가리킬 뿐이다. 공원_{公園}이 아닌 공원_{空園}이라거나 장식물을 적극적으로 생략한 벽면이라거나 그저 깨끗할 뿐인 손톱 같은 것 말이다. 옛사람들이 청소를 일러 도_道라고 하는 것은, 그것이 철저히 실천 속에서만 발아하는 이치이기 때문이다. 적_寂이 한 사회가 채택할 수 있는 시간의 철학이라면, 청_淸이란 장소의 철학이 된다.

내가 상상해온 좋은 사회의 표상 중 또 한 가지는 화_和, 즉 어울림의 협업 속에서 생겨난다. 시간과 장소를 종횡으로 누비며 인간들은 어울려, 혹은 버성기며 살아간다. 두말할 것 없이 사회란 어울림의 지혜에 의해서 조금씩 나아진다. 적_寂과 청_淸은 태도

자본과 영혼

나 양식의 일관됨을 말할 뿐(하지만 이 시대의 유일한 미덕이라면 일관성이 아니고 무엇이랴!)이지만, 화和란 임기응변의 역동적인 지혜를 필요로 한다는 점에서 인간이 만드는 세속사회의 알속을 구성한다. 무릇 인문학 공부라는 게 바로 이 어울림의 지혜를 지향한다는 점은 당연할 수밖에 없다. 아니, 지혜라는 것 자체가 어울림의 산물이며, 어울림을 위한 것이고, 또 어울림에 의해 나날이 조율, 개선되는 것이다. 흔한 표어인 화이부동和而不同의 경우, 이는 관용과 평화의 기반이 되긴 하지만 그렇다고 반드시 삶의 지혜를 낳는 밑절미를 이루는 것은 아니다. 산중이나 골방이 아니라 잡다한 어울림에 터한 지혜는 관용처럼 안이하지 않고 평화처럼 안돈하지 않다. 차라리 지혜는 오해받는 일이며, 박해받는 일이고, 내내 위험한 일이기도 하다.

좋은 사회에 대한 포기할 수 없는 마지막 꿈은 경敬이다. 경이란 앞서 말한 적, 청, 화에다가 무언가 낯설고 명백한 것을 더하는 게 아니다. 속을 비우고 겉을 치우면서, 내남없이 어울려 살아가는 지혜로써 삶의 길을 밝히면 자연스레 솟아나는 것, 피어오르는 것, 어느새 떠올라 있는 것, 그리고 아침이슬처럼 맺히는 것일 뿐이다. 어떤 삶의 역사가 있을 때에만 은근하게 드러나는 어떤 얼굴 같은 것이라고 해도 좋다. 예를 들어 밤 10시를 넘겨서야 겨우 해가 떨어지는 지중해 연안의 과일에서 은근히 드러나는 햇빛 – 표정처럼 경敬은 한 사회가 담고 있는 긴 세월의 표정이다.

적청화경이라는 것은 당연히 사회철학에 이르지 못한다. 논의의 초점을 잃은 채 개인들의 수행과 성숙에 방점을 찍은 상상일 것이다. 하지만 이런 상상을 양보하지 않는 일은 사회와 공동체를 착각하고 공적 틀거리를 사적으로 희석하려는 짓이 아니다. 가능한 모든 것이 타락했을 때에는 불가능한 것을 고집하는 게 삶의 변명이기 때문이다.

몸이라는
운명

초중등학교 시절에 나는 수년간 핸드볼 선수 생활을 했는데, 여느 경우처럼 나 역시 다만 키가 크다는 이유로 거의 붙잡혀 들어간 셈이었다. 그러나 실력이 늘면서 절감한 사실인데 '이중 점프슛' 같은 고난도 기술에는 정작 손아귀의 넓이가 관건이었다. 손이 작아 한 손만으로 공을 능숙하게 부릴 수 없다는 것, 어린 내게 그것도 운명이라면 운명이었다.

예나 지금이나 산책은 내게 매우 소중한 취미활동으로, 그 가치는 이 짧은 지면에 다 읊을 수 없을 만치 짜장 형이상학적으로도(!) 분잡하고 심오하다. 근자에 내가 독애하는 산책로의 한켠에는 운동장만 한 연못이 있는데, 자갈밭이 물가를 넓게 끼고 있어 물수제비를 뜨기 알맞은 곳이다. 기량이란 기량은 모짝 그렇지만,

물수제비를 뜨는 데에도 몇 가지 조건을 살펴야 한다. 당연히 돌을 후리는 팔이 물과 수평을 이루도록 몸을 낮추는 게 좋다. 그리고 돌맹이를 내던질 때에는 그 돌과 수면이 대체로 15~25도의 기울기를 이루도록 해서, 물과 부딪치며 뜨는skipping 힘이 길게 지속되도록 배려한다. 이 경우 직구直球처럼 던지지 말고 돌이 회전력을 얻도록 검지를 잘 놀리는 게 중요한데, 그래야만 자이로스코프의 효과를 얻어 부양력浮揚力이 높아지는 법이다. 이렇게 솜씨가 향상되면 돌이 커브를 이루면서 원하는 곳으로 제법 멀리 내달려가게 된다. 하지만 내 경험에 의하면 이 모든 매뉴얼을 단숨에 능가하는 조건은 바로 그 돌맹이의 생김새다. 제아무리 좋은 솜씨를 갖추고 있어도 돌맹이의 '몸'이 뭉툭하거나 뾰족하거나 혹은 적당한 (몸)무게를 갖고 있지 못하면 그 솜씨는 빛바랜다. 어떤 몸의 돌맹이를 줍는가 하는 것은 우연이지만, 바로 그 몸이라는 우연이 물수제비의 운명이 된다.

행복한 부부나 커플이 의외로 적다는 사실은 이미 갖은 통계가 알리고 있다. 내 일가붙이나 주변만을 둘러봐도 사태는 심상치 않다. 그러니 여러 만남, 특히 혼인을 그처럼 축하해온 인류 역사는 일종의 반어反語가 아닌가 하는 짐작이 설 법도 하다. 인간은 오직 상호작용의 관계 속에서만 인간이니, 그 관계의 알짬을 이루

자본과 영혼

는 종류들이 고장이 잦은 데다 속으로 썩어간다는 사실 속에는 어쩌면 묵시론적 조짐이 웅성거리고 있는지도 모른다. 톨스토이의 행위나 키르케고르의 생각처럼, 관계의 형식과 성분을 도덕적 - 실존적으로 바꾸려는 것은 대체로 부질없는 짓이다. 내 작은 손이나 어떤 돌멩이의 모양처럼, 인간은, 인간의 몸은, 혹은 인간의 몸속에 새겨진 버릇과 고집은 좀체 바뀌지 않는다. 물론 박지성은 평발로 잘 뛰었고, 김두한은 작은 주먹으로도 잘 싸웠다. 그러나 범례範例로 현실을 설명할 수는 없다. 역시 어떤 몸을 지닌 누구를 만나는가 하는 것은 우연이지만, 바로 그 우연이 관계의 운명이 되고 마는 것이다.

나는 재미 삼아 오랫동안 말과 입의 관계를 유심히 살펴왔다. 주로 입의 크기와 그 사람의 화법 / 말버릇 사이의 관계를 유추해 보는 일이다. 나로선 남의 외모를 언급하는 일을 거의 터부시하기에 속생각으로 일관했지만, 여기에도 나름의 이치가 있으니 골자는 역시 몸이 제 운명을 스스로 이룬다는 점이다. 예를 들어 '전라도의 소리, 경상도의 글'이라는 대조법도 필경은 입의 모양과 얼마간 관련된다. 이것도 논의가 길어 다만 아쉬운 한마디만 짚자면, 사람의 일이 다 그런 것처럼 예외들이 사방에 어지럽긴 하나, 입이라는 몸이 말이라는 관념의 운명이 된다는 것이다.

어떤 몸을 갖추고 태어나는 것은 당사자에게는 우연처럼 비친다. 그리고 그 우연에 얹힌 몸이 그의 운명을 예비하기도 한다. 가령 이소룡李小龍의 이모저모를 유심히 살피면 그는 대단한 몸의 디자이너로 드러난다. 비록 극중이긴 하지만 그가 상대한 무술 고수들의 동작은 기이하게 허술해 보이는데, 이는 다만 연출의 결과가 아니라 몸의 차이가 구조적으로 드러내는 차별성인 것이다. 이소룡이 민망한 화제라면 김연아를 떠올려도 좋다. 김연아의 실력이 그의 운명은 아니다. 그녀의 실력이 남다르게 얹히게 만든 그 남다른 몸, 외려 그 몸이 그의 운명인 것이다.

공간과
마음

도덕적 훈화나 이데올로기적 학습의 효과가 우리의 기대치대로라면, 12세기나 혹은 늦어도 19세기경에 지구는 파라다이스의 꿀맛을 누렸을 것이다. 그러나 갖은 역설逆說은 끝이 없고, (실수나 농담이 사물의 질서 속에 각인되었다던 쿤데라적 상상처럼) 부작용은 오히려 문명 그 자체의 질서 속에 각인된 듯하다. 그래서 훈화나 학습은 늘 진리보다는 안정에 기여하는 것으로써 숨은 진실을 드러내고, 그 청중과 학생들은 종종 객기와 영웅주의적 불량스러움을 유일한 쾌락으로 삼아 반反진실의 진실을 향해 줄달음치곤한다. 이렇게, 통속의 진실은 쾌락을 순치하며, (바타유의 문법을 빌리면) 진정한 쾌락은 오히려 그 진실을 어기는 범금犯禁 속에서 새로운 진실을 잉태한다.

이 같은 일상의 체험은, 이를테면 원자화된 개인 속에서 세속의 진실을 구할 수 없다는 상식에 조응한다. 물론 세속에 물든 인간들에게 이 상식은 이미 상식 이상의 것이다. '나는 다르다'라는 낭만적 허영에 집착하거나 '모든 것은 내 탓'이라는 마조히즘적 나르시스에 허우적거리는 짓으로는 이 상식 이상의 상식에 이를 수 없다. 반복하자면, 도덕적 훈화나 이데올로기적 학습의 사회적 효용이 대체로 실망스러운데도 줄기차게 반복해온 것은, 한편 그것이 기성 권력의 변치 않는 발화 방식이라는 점 때문이기도 하지만, (예수나 마르크스 식으로 말하자면) 그들은 그들이 하는 짓(말)을 모르고 있기 때문이다.

21세기의 사람들도 여전히 개인으로서(혹은 절망적으로, 개인밖에 될 수가 없어!) 상대를 손가락질하지만, 낱낱이 체계화된 우리의 삶터 속에서 상대는 바로 그 손가락질 탓에 이미, 그리고 돌이킬 수 없이 조형된 것이다. 이와 비슷하게, 역사 속의 독재자와 가부장들은 한결같이 '(국민)정신 개조'의 담론을 떠벌렸지만, 개조의 필요성/필연성이란 기껏 그들의 독재적 제도가 만든 원근법적 환상에 불과했다. 이윽고 그 권력제도에 빌붙은 환상이 권력의 토대와 함께 균열하면서 타인들의 개조를 지목하던 필연성의 타깃은 오히려 자신이 된다.

자본과 영혼

도덕적 질책은 워낙 공동체의 질서를 규제하던 법식이었다. 혹은 개인들 사이의 사적 관계 속에 사회적 질서가 결절한다고 믿었던 부르주아 자유주의자들, 혹은 절망적으로 고독과 싸우는 소비주의적 개인들이 원자화된 그 개인의 환상 속에서 여전히 붙들고 있는 유물이다. 이것은 결국 도덕과 종교로써 살지게 할 수 있다는 개인적 내면성의 환상에 기반한다. 가령 기계나 노예에게 퍼부어진 도덕적 질책의 무용성을 상상해보시라.

어느 생일 축하 자리에서 태몽이 화제에 올랐다. 번갈아 태몽을 얘기하면서 문득 그 형식이나 등장하는 동물들이 서로 비슷하다는 사실을 떠올렸다. 주변의 채근에도 불구하고 나는 내 거창한(!) 태몽을 끝내 밝히지 않았다: 내 판단에, 태몽은 마음속의 어느 깊고 예지적인 의도가 꿈의 이미지로 현전現前한 게 아니라 민간신앙적 문화나 제도를 통해 '사후적으로nachträglich' 재구성된 일종의 도착倒錯에 가깝기 때문이다. 요컨대, 내면을 출발점으로 삼는 관념론적 해석은 종종 원인과 결과를 혼동한다. 푸코의 유명한 설명에 따르면, 16세기 이후 반종교개혁의 일환으로 강화된 가톨릭의 고해성사는 당대 유럽인들의 성적 정체성이 조형되는 주요한 환경이었다. 이를테면 고백이나 고해, 혹은 비밀선거의 형식을 두고 말할 수 있듯이, 오히려 '밀실 구조가 내면성을 가져온다'(가라

타니 고진)는 것! 마찬가지로 정신분석이라는 제도가 무의식이라는 내면적 깊이를 끌어온다는 생각, 그리고 17세기의 사회적 여건과 제도가 아이들 속에도 불멸하는 영혼이 있다는 상식을 정착시켰다는 필리프 아리에스의 주장 등은 모두 우리의 마음을 알기 위해서라면 오히려 마음 바깥에 주목할 것을 주문한다.

나는 근자에 초대받은 어느 한옥의 운치에 매혹된 적이 있다. '녹차방'으로 쓴다던 문간방은 그 텅 빈 공간과 함께 참으로 깊이 '존재'하고 있었다. 그 공간은 주인 가족의 생활 방식이 쉼 없이 스친 흔적으로 단정하게 마모되었고, 고아高雅한 기색은 그들이 발효시킨 친교의 흔적으로 역력했다. 그중에서도 진풍경은 그 집 아들인 열 살짜리 소년의 차분하고 깊은 눈매였는데, 나는 소년의 얼굴에 드러난 '마음' 풍경을 그 집의 '공간' 풍경을 빼놓고는 도무지 상상할 수가 없었다.

자본과 영혼

어울려
살기의
비용

유학 시절 모처럼 한인들과 어울려 한국어로 얘기를 나눌라치면 '우리'말은 종종 귀설었다. 이국의 거리에서 멋쩍게 떠다니던 한글의 자모字母는 우선 백인과 흑인들, 그리고 그들의 알파벳 사이에서 왜소하게 소외되었다. 그러곤 중국도 일본도 아닌 나라에서 온 우리의 무춤해진 자의식에 의해 잼처 소외되곤 했다. 마치 거듭해서 왼 낱말이 언어적 긴장을 잃어 어느새 한갓 '소리'로 떠다니게 되듯, 유학하던 우리는 이미 우리말을 어려워 – 두려워하고 있었다. 영어가 익숙해지면서 그 말은 나를 향해 다가서고 있었지만, 한국어는 그런 식으로 나를 조금씩 떠나고 있었다.

그간 수많은 영화를 봤고, 영화와 관련된 책도 상재했으며, 영화/영상 관련 강의도 했지만, 특히 백인과 아시아인을 섞어 만든 영화는 내 눈엔 대체로 꼴불견이었다. 그것은 영화적 기술과 재능의 부재가 아니라 어떤 (넓은 뜻의) 생활세계적 – 미학적 부조화를 가리키는 말이다. 일제 치하의 조선인이 결국 '내지인'과 어울리지 못하고, 유대인의 운신과 태도가 아무래도 다르며, 미국의 흑인들이 흑인의 미국을 만들 수는 없고, 심지어 지방색이나 학벌마저 같은 민족과 사회의 구성원들을 분열, 이간시키기도 한다. 예를 들어 임권택 영화 속의 한복은 나름대로 운치가 있고, 구로사와 아키라 영화 속의 기모노도 곱지만, 이들을 섞는 순간 역사적 상처에서부터 개인 취향적 부조화에 이르기까지 그 섞임의 초기 비용은 한껏 도드라진다.

이 같은 부조화와 분열, 소외와 불화의 앞자리에 여러 나랏말이 섞이고 갈라진다. 나로서는 첫 외국 나들이였던 유학길에서 느낀 영어와 우리말 사이의 어긋남과 소외는 다민족 사회로 치닫고 있는 작금의 강화된 현실augmented reality 속에서 선진화와 세계화라는 구호에 얹힌 채 우리의 일상이 되었다. 내가 '서울 사람'을 처음 만나 서울말을 귀설게 듣던 게 그리 오래전도 아닌데, 이젠 우리 땅에서도 수십 종의 언어가 혼종하고 경합한다. 도심 곳곳에서, 특히 지하철에서 (베트남어도 연변말도 아닌) 영어를 모국어로 사용하는 백인 젊은이들이 내가 미국에서 늘 접하던 그 편한

복장으로 와달박달하게 제 나랏말로 떠드는 것을 볼 때마다 내 유학 시절의 소외를 가만히 떠올리게 된다.

한국은 이미 단일민족 사회를 벗어나고 있다. 그사이 이른바 사회적 방외자나 가욋사람들과 어울려 살아가는 '톨레랑스'의 문화도 충분치 못한 터에, 거꾸로 한복은 호텔에서 거절당하고 국가는 영어 식민화도 모자라 '영어능력평가 시험NEAT'이라는 것을 국정國定한다. 다 아는 대로 뉴트리나, 큰입 배스, 황소개구리 등은 우리 안의 필요에 의해 밖에서 들여왔지만 토착의 생태에 어울리지 못하면서 공적公敵으로 내몰려 도살당하고 있는 외래종 생물들이다. 그런가 하면 우리의 가물치는 일본으로 건너간 후 그곳의 생태계를 파괴하는 주범으로 몰려 역시 주살당하고 있는 실정이다.

'서로 다르되 잘 어울리기和而不同'는 의도나 의욕처럼 쉽지 않다. 군이 한복과 기모노를, 백인과 황인을, 큰입 배스와 붕어를 섞을 수밖에 없었고, 그 후과가 돌이킬 수 없다면, 이미 톨레랑스의 지혜만이 관건은 아니다. 인류사에 검질기게 따라붙은 배제와 학살은 그 현실의 단면들이다. 어울리기 전으로 되돌아갈 수는 없으며, 잘 어울리지 않고는 살 수도 없는 세상이 온다. 어울려 살기! 이후, 죽기 살기로 절실한 과제가 될 것이다.

역시귀본逆時歸本[*]:
죽은 인문학 너머에서
인문학 읽기

벤야민의 말처럼 새것은 그 자체로 아무런 가치가 아니(어야 한)
다. 가치는 오직 시간을 거슬러 인간의 무늬人紋와 합류할 때에만
자신을 증명할 수 있기 때문이다. 그런 뜻에서 가치란 인문학적
개념의 전형이다. 그러나 근년의 한국 사회에서는 온고지신溫故知新
이니 법고창신法古創新이니 하는 시간성의 인문적 가치를 내세우는
일마저 아무래도 점직한 노릇이 되고 말았다. 가치가 아니라 '값'
으로 승부하는 세상, 삶의 질로부터 미소에 이르기까지 모짝 화폐
로 환산 가능한 세속, 우리의 소비자본주의적 현실은 온통 '차이
를 느껴보세요!Feel the difference!'라는 광고물로 넘실거리기 때문이

---

[*] 시대(태)를 거슬러 근본으로 돌아간다.

다. 부화浮華한 압축근대화의 정점에서 바라보는 우리 사회는 새로움을 좇는 강박으로 와달박달하고, '새것 콤플렉스'에 떠밀려 이리저리 쏠리며, 대학(큰 배움터)이라는 곳에서마저 새로운 것('아이디어')만을 좇는다. 남명 조식曺植의 낡디낡은 말처럼 결국 인문정신이란 정밀함精과 묵힘熟이 더불어 이루어가는 지혜의 지평인데, 대학조차 자본과 아이디어의 현란한 접속, 그 '일차원적 요약'(마르쿠제)으로 바쁘다.

군이 실용이라 해도, "차이는 실질적인 차이를 낳아야"(윌리엄 제임스) 하지만, 새것들로 그득한 시장의 풍경은 기호의 변통變通이거나 유행의 나르시시즘, 혹은 실질이 없는 시뮬라크르의 연쇄인 게 대다수다. 호르크하이머의 지론처럼 '차이'(새것)가 영원해지려면 결국 그 차이의 내용은 아무도 모르게 사상捨象되어야 하는 법! 이미 숱한 학자들이 조곤조곤 따지고 분석해놓은 것처럼 상업주의의 거품 속에 빠진 개인들의 개성이란 환각이거나 '체계의 단말기'(울리히 벡), 혹은 한갓 지리한 삶을 살게 돕는 '대리보충물'(프로이트)에 불과한 것이다. 요컨대 체계(사회적 총체성)를 놓치고 마음(개인)을 알 수 없는 법이며, 과거(역사성)를 놓친 채 현재와 미래의 삶을 헤아릴 수 없다. 프로페셔널리즘을 넘어서는 인문학적 아마추어리즘은 바로 이 통합의 틈을 쉼 없이 메워나가는 섬세의 정신이다.

　따라서 이 시대에 인문학을 읽는다는 것은 '시태를 거슬러 근본으로 되돌아가는逆時歸本' 반시대적 기획이자 그 생활양식일 수밖에 없다. 마치 소수민족 언어들처럼 나날이 절판되어가는 고전들을 캐고 보듬는다는 것은 단지 복고주의나 고물상 취미가 아니다. 그것은, 맥루언의 비판처럼, '신매체의 효과를 이해하지도 누리지도 못하는 종이책 인문주의자들의 습관적 고정관념'도 아니다. 그것은 시공간적으로 입체적이며 중층적인 인문人紋의 사유를 향한 모험이다. 그것은 새것의 쏠림, 속도의 현기증, 작은 차이들의 나르시시즘, 편이한 요약, 상업적 욕망의 포박, '나태한 평화'(니체)에 대한 슬기로운 저항이다.

　인문학의 죽음을 손쉽게 주워섬기는 세태 속에서 인문학을 읽는다는 것은 인문人紋이라는 그 오래된 미래(새로움)를 다시 호출하는 일이다. 인문학의 무능을 떠들며 일차적 실용주의와 처세술을 대안인 듯 내세우는 세태 속에서 한 줄 한 단락을 곱새겨 읽는다는 것은 그 죽음과 죽음 이후의 새로운 삶을 사유하는 것이다. 그것은 바로 그 무능 속에서 인문학적 급진성을 캐는 일이며, "더 이상 책이 책 같지 않은 세상에서 책이 아닌 것이 오히려 책"(아도르노)인 바로 그 책을 찾아 나서는 길이다.

자본과 영혼

'생각'이 아닌 영화: 홍상수의 「극장전」

「극장전」의 동수는 이기적이며 영리하다. 게다가 변덕스러우며 허영에 차 있다. '허영의 주체'에 대한 형상화characterization로선 셰익스피어적 전형성을 갖춘 동뜬 선택이다. 그러나 홍상수의 인물 묘사는 이른바 '낮은 인문학'의 알속을 이루는 상호작용론의 범례로서 매우 적절하지만, 여기에서도 그 허영의 주체들이 재생산되는 사회구조적 배경이나 내력에 대해선 함구한다. 영리함과 변덕과 허영의 삼각형을 완결짓는 테두리는 자유주의적·자본제적 삶이지만, 홍상수는 그처럼 큰 그림을 보여주진 않는다. 그런 점에서, 영화 말미에서 동수가, 그러니까 삿된 허영 속에 그 누구에게서도 배우려고 하지 않는 동수가 "이젠 생각을 해야겠다!"라는 혼잣말로써 영화를 맺는 것은 홍상수 식 아이러니의 알짬이 아닐 수 없다.

　허영도 표현의 갈래가 여럿이지만, 지식(인)의 맥락에서라면 대체로 '영향의 불안'(해럴드 블룸)이나 '독창성의 환상'(르네 지라르)에 따라 움직이게 마련이다. 동同수의 모델, 준거인물 Bezugsperson, 혹은 대타자는 선배 감독인 형兄수다. 同수는 兄수와의 관계에서 불안과 환상의 겨끔내기를 반복한다. 그래서 "저, 그형한테 정말 영향을 많이 받았어요"라면서 한발 물러서거나, 혹은 "영실씨가 출연하신 영화가 다 내 이야기예요…… 그렇게까지하면서 영화를 만들어야 하는 건지……"라며 공세적인 허풍을 부리는 등, 그의 이해利害지향적 변덕은 그의 허영을 채우는 실질이다. 영화 속에서 이 허영의 삼각형(영리함 – 변덕 – 허영 / 형수 – 동수 – 영실)은 스토리 라인의 골간을 이루며 진행된다. 그러다가 결국 이 삼각형 구조를 깨트리는 외부의 개입은, 홍상수의 음성으로들리는 영실의 다음과 같은 지적이다. "동수씨는 영화를 잘못 보셨네요!" 물론 앞서 잠시 시사했듯이, 이 모방욕망의 체계를 깨는(홍)상수의 개입은 그리 철저하지 않은데, 그의 서사적 장점인 일상의 상호작용론은 결코 체계나 역사를 건드리지 않기 때문이다.

　그간 홍상수의 영화 속에서 내 글을 읽(어내)는 독자와 후학들이 더러 있었다. (사담이지만, 아주 오래전 홍상수 팀의 조감독이라는 사람으로부터 내게 연락이 와서 엉뚱하게도 대사의 '영어 번역'을 부탁한 적이 있었던 것도 그 심증의 한 타래가 되었다.) 내가 이런저런 글 속에서 '생각'을 '공부'의 대척점에 놓고 사고해 온 게 제법 오래되었으니, 가령 이 영화 말미에 등장하는 동수의 '이젠 생각을 해야겠다!'는 다짐은 그 대표적인 장면이다.

어느 쪽이든, 정작 중요한 사실은 동수의 다짐이 그 자체로 이른바 '생각'일 뿐이라는 것이다. 그리고 현실을 변화시키는 다짐의 실질은 자기 생각에 휘둘리지 않는 틀mind-set에 복속하는 것이다. 기분과 변덕에 지펴 있는 '생각'은 이미 생각조차 아니기 때문이다. 홍상수의 연출은 이 영화 곳곳에서 드러나듯이 이 생각을 상대화, 관계화, 맥락화시킴으로써 자가당착적 아이러니를 선사한다는 점에 묘미가 있다. 그 아이러니를 읽은 관객에게는 同水가 자기同일성의 토대로 재바르게 유지하고 있는 허영의 삼각형이 갑자기 투명해진다. 즉 메타적, 혹은 체계 외부적 시선으로 이 영화에 접근하려는 관객에게 '이젠 생각을 해야겠다'는 동수의 결심은 실로 '(아직) 아무것도 아닌 것'으로 드러난다. 자기중심적 허영에 복무하는 그의 생각과 결심은 자신의 배설물을 끝내 뒤발하고야 마는 지식인의 지질한 꼴에 대한 홍상수 식 아이러니의 정화처럼 보인다.

내 오랜 지론처럼 '생각'은 공부가 아니다. 同수는 兄수에게서 배우려고 하지 않으며, 그는 결국 '兄'을 통해서조차 同으로 복귀할 뿐이다. 그는 홍상수의 음성을 가장 분명히 품고 있는 영실의 개입조차 결국은 자신의 '생각'으로 저지("이젠 생각을!")하고 만다. 그래서 좋은 이론들은 생각이 아니며, 무엇보다 생각의 同일성을 깨는 데에 그 미덕이 있는 것이다. 일찍이 대화의 명인名人이었던 소크라테스는 "저들은 저들이 지혜 있다고 '생각'한다"면서 그 생각의 정체를 폭로한 적이 있거니와, 지라르는 소설의 지혜를 '생각'과 날카롭게 대비시킨 바 있다. 그런 뜻에서 홍상수의 지혜는 영화이며, 그 영화는 무엇보다 '생각'이 아닌 것이다.

자본과 영혼

5부

정치의 종말과 소비자의 묵시록

정치의 종말과
소비자의 묵시록,
이명박 시대의 증상

정치라는 것은 관료행정적 복합체가 아니다. 이 둘은 마치 체體와 용用의 논리처럼 뗄 수 없이 연동하긴 하지만, 정치는 늘 관료적 합리주의의 잘 구획된 틀을 벗어나(려)는 잉여 욕망 속에 그 본질을 드러낸다. 행정관료제를 근대 합리주의의 결정체로 여긴 학자들이 더러 있는데, 그런 시각에 겹쳐 보자면 정치는 합리적인 관료제의 뒷받침을 받아야 하지만 그 자신은 반드시 합리적인 게 아니다. 그래서 그것은 부분적 합리성에조차 이르지 못한 채로 '누워서 침 뱉는' 짓에 빠지기도 하지만, 때로는 도구적 – 관료적 합리성에 만족하지 않고 인간적 가치를 살피며, 현상의 '조절'을 넘어 혁명적 '결정'에 이르곤 하는 것이다.

그러니까 원리적으로나마 '혁명의 가능성에 닿아 있는 공적 행위로서의 정치'(미셸 푸코)는 제도조절적 합리성으로 소진되지 않는다. 행정적 절차와 다른 그것은 차라리 일종의 판타지에 가깝다. 그것은 최소한 대중의 51퍼센트에 응결된 집단의지가 정치적으로 옳다는 신념에서 발원하는 판타지거나, 혹은 거꾸로, 대중적 지지를 얻는 정치인들이 행정관료적 방식과는 다르게 대중의 잉여 욕망을 채울 수 있으리라는 판타지에 근거한다.

이 판타지의 소멸에 대한 증후는 갖가지로 드러나며, 이에 대한 학인들의 분석은 지루할 정도로 반복되고 있다. 가령 현명한 정치적 대중으로서의 '민중'의 판타지는 (한때 세계적인 위명을 떨쳤던 한국의 '민중신학'이 존폐의 기로에 내몰렸듯이) 더 이상 혁명적 운동성의 유토피아적 계기나 매개가 되지 못한다. 일찍이 볼테르의 꾀바른 계몽주의가 발원한 곳, 혹은 오르테가 이 가세트를 자중지란에 빠뜨리게 만든 그곳이 바로 대중이었다면, 바야흐로 우리 눈앞에 떠오른 대중은 영악하면서도 어리석은 소비자들, 이기적인 변덕의 화신들이다. 이 점에서는 들뢰즈나 토마스 만이 말한 유랑하는 무리die Nomaden, 심지어 네그리·하트의 다중 the multitude조차 특화할 일은 아니다. '군중은 비진리Die Menge ist die Unwahrheit'(키르케고르)는 개인주의자의 과정이라고 하더라도, 무릇 군중이란 역사의 주체라기보다 바로 그 역사의 한 부분일 뿐이다. 역사적 진보의 엘리트들이 내비친 정치적 전망과 지혜에 오롯이 조응할 대중은 아예 없었다.

절약해서, 그리고 범박하게 말하자면, '이명박'이라는 증후군의 바탕은 51퍼센트에서 49퍼센트로 거품이 빠진 현실 속으로 드러난, 한 시대의 썰물과 같은 것이다. 이젠 민심이 천심이 될 수 있다는 천고의 정치적 알리바이는 바야흐로 완벽히 끝났다. 대중적 삶의 인상과 부유하는 소문, 혹은 통계치를 긁어 인욕人慾을 천리天理와 사통시킬 수 있는 장치로서의 정치는, 그러므로 종말을 고한 것이다. 이명박 시대와 그 대중적 호응은, 김대중 시대와 노무현 시대로 이어지면서 간간이 그 취지만을 간직하며 무늬만을 실험했던 좌파 정치의 종말을 가리키는 게 아니다. 그것은 정치의 종말, 반복하자면 정치인과 대중이 '체계적인 자기복제'(니클라스 루만)의 판타지로 성립시켰던 관계를 잃어버렸다는 것이다.

CEO가 대통령이 되고, 또 다른 CEO가 여당의 대표가 되며, 적지 않은 도덕적 흠을 지닌 경제학 교수가 국무총리가 된 것만을 지적하는 게 아니다. 대통령이 된 CEO가 정치 논리에 밀려 한 걸음도 나아가지 못할 때 휴전선을 넘어간 현직 CEO가 경제 논리로 정치적 난제를 풀어냈다는 사실만을 가리키는 게 아니다. 그래서 단지 전방위적인 '민영화'만을 가리키는 게 아니다. 정치인들이 모짝 CEO로 대체되었다는 사실의 바닥에는 정치적 대중, 혹은 민중이 모짝 소비자로 바뀌었다는 반反혁명적, 반反인문주의적 사실이 견고하게 자리하고 있다. 차라리 그것은 '마지막 인간'(니체)으로 남은 '소비자'들을 위한 역사종말적 묵시록의 서막인 것이다.

다시,
노무현을
위하여

도덕적 위기에 처한 사람은 자기(주체)가 자기(에고)에 예리하게 맞서는 지경에 내몰린다. 여기에서 에고의 가장 흔한 형식인 자기애가 허물어질 때 혹자는 (매우 자연스럽게도) 마비癡痺/不仁라는 보호 기제를 발동시킨다. 인仁하지 못한 사람은 곧 정신의 마비를 보이는 셈이다. 만약 마비로써 자기 자신의 눈을 가리지 못하면 그 위기의 원인을 현실 속의 무엇으로 치환하기도 한다. 물론 그중 일부는 '네 탓'이라는 논리로 스며 나온다. 이 논의에서 쉬이 패닉에 빠지는 충동적 개인들의 사례는 논외로 친다. 마찬가지로 도덕적 위기에도 불구하고 자동인형적 충실성을 한 치도 누그러뜨리지 않는 악마적 개인들도 논외다.

노무현이라는 아웃사이더의 희망은 그가 대권을 욕망했다는 사실과 근원적으로 상충한다. 아웃사이더의 급진성인 '희망'은 다만 아직은 권력에 근접하지 못한 저항과 '동원의 국면'에서만 빛나기 때문이다. 이 국면을 넘어 아웃사이더가 마침내 용龍의 자리를 차지했을 때부터 역설이 시작된다. 아웃사이더가 대의명분을 걸고 용을 응시할 때와는 달리, 이제는 그 용의 과거였던 아웃사이더를 응시해야 하는 자가당착에 내몰리기 때문이다. 그러므로 '개천에서 용났다'는 말은 중의적이다. 개천에 서서 용을 바라볼 수도 있지만, 때로는 용의 자리에서 개천을 되돌아봐야 하기 때문이다. 개천 주변에 거주하는 이들은 용을 선망하고 그 용과 동일시하지만, 부와 권력을 대물림해왔던 이들은 '미꾸라지 먹고 용트림한다'며 무시하고 비아냥댈 것이기 때문이다.

노무현이 공공연히 '도덕적으로 청렴하면서도 정치적으로 성공할 수 있다'고 호언할 때, 그는 이미 체제의 경계에서 길을 잃고 있었을 것이다. (그리고 이 미로는 '부엉이바위 길'까지, 이른바 그의 '운명'을 통해서 가까스로 이어져 있었을 것이다.) 그의 이러한 발설을 가능케 했던 외부성은 반체제적 동원성에 기대고 있지만, 이는 다시 체제의 함락과 재전유를 지향하고 있기 때문이다. 열사적 풍모의 노무현과 정치인 노무현의 내면적 버성김은 이처럼 그 이력이 짧지 않다. 불의한 체제와 싸우는 개인은 대체로 그 체제

의 경계에서, 혹은 오래된 분노와 새로운 욕망 사이에서 오락가락
하곤 한다. 애초의 열정을 유지한 채 이 망설임으로부터 구원받을
수 있는 유일한 길은 (예수나 소크라테스나 이순신 등에게서 가
장 극적으로 현시된) '비극적 합일'뿐이지만, 이것 역시 아무에게
나 허여되는 사건은 아니다.

　　노무현은 분명 흥미로운 개인이었다. 그러나 이런 개인들이
드문 것은 아니다. 외려 그의 매력은 이런 사적 흥미로움을 잃지
않은 채 권력의 정점에 접근했다는 데 있다. 개인의 매력이 권력
의 자리에서도 여전히 살아 있을 때 그 매력은 평가절상되거나 심
지어 가을날의 노을처럼 분광한다. 권력을 선망하는 대중의 속물
주의는 영원하기 때문이다. 총통 히틀러의 가장 큰 매력은 '총통'
이라는 사실이며, 세종대왕의 가장 큰 매력은 그가 '왕'이었다는
사실이고, 퇴임 후의 노무현이 누린 인기의 비결은 그가 '대통령'
이었다는 사실에 있다. 히틀러가 구청장이었다거나 세종이 군수
였다거나 노무현이 이장에 불과했다면 그들의 능력과 매력은 쉽
게 사장되고 말았을 것이다. 마찬가지로 히틀러의 재앙이나 세종
의 한글이나 노무현의 상징도 없었을 것이다. 권력자의 자리에 올
라 지도자 역할을 하면서도 개인이 지닌 흥미로운 매력을 유지하
는 사람은, 마치 혁명을 일상에 결합시키거나 무지개를 거실에 끌

어들이는 것과 같은 후광을 발하게 된다.

　가난을 배경으로 삼은 상고商高 출신의 비주류 정치인 노무현의 비타협적 도덕주의는 주류 정치계와 싸우면서 그의 자존심을 고도로 응결시킨 부분 속에 그 명암이 있다. 그는 자신의 자존심에 걸맞은 삶을 꾸리고자 애쓰면서 대중의 환호를 받았지만, 바로 그 자존심에 걸려 넘어지는 일도 잦았다. 공론장에서조차 불쑥불쑥 솟아오르는 그의 성마른 자존심이나 거꾸로 '바보'라는 애칭 속에 결절된 그의 우직한 주체는 갖은 기득권에 대항하며 대중을 호명할 수 있었던 거의 유일한 자산이자 도덕성의 표현이었던 것이다. 당연히 그는 자신의 기질이나 도덕적 환상을 적절하게 거세해서 현실 욕망의 구조 속에 편히 안배할 수 없었던 인물이다. 기질(에고)과 환상(주체) 사이에서, 윤리와 도덕 사이에서, 혹은 열사와 정치인 사이에서 요개搖改하며 걸어간 것이 바로 그의 정치적 존재 방식이었기 때문이다. 만약 그가 에고 속을 범람하는 도덕적 불안을 사이비 주체화의 전략으로 봉쇄할 수 있었다면 그는 아직 우리 곁에 살아 있을 것이다. 그러나 단 한 차례도 충분히 정치적 주체가 될 수 없었던 노무현은 환상과 동일시된 윤리의 심문에 거리 없이 직면하면서 가책의 앝속까지 체화했다. 그리고 마치 그것이 자신의 마지막 향락인 듯 돌이킬 수 없는 낭떠러지를 향해

자본과 영혼

몸을 던졌다.

한 사람의 장점이 대중의 환호를 통해 각광받게 되면 그렇게 얻은 덕이 그의 약점을 통해 비용을 요구한다. '공짜는 없다'는 속담의 뜻은 사뭇 존재론적이다. 도덕적 염결주의나 기능적 완벽주의가 대표적인 경우다. 염결廉潔이나 완벽을 통해 얻은 평가와 권위는 때로 덫이 되기도 하고 부메랑처럼 되돌아오기도 하기 때문이다. 그 염결과 완벽이 위기지학爲己之學의 형식으로 내면화된 것이 아니라 특히 대중의 호감과 인정 위에서 외면화되어 있을 때 그 비용은 비합리적이거나 때로 치명적일 수 있다. 음양陰陽의 묘리처럼 삶의 자리에서도 영원한 것은 없다. 어느 옛 현자의 말처럼 '천지는 변화이고 인생은 의견'에 불과하기 때문이다. 그러므로 인생의 요령은 겸허함일 수밖에 없다. 밝을 때에는 과시하지 말아야 하고 어두울 때에는 억울해하지 말아야 한다.

노무현의 장점이 정적들 사이에서는 오히려 그의 단점으로 지목되었고, 그를 사랑하는 이들은 그의 단점 탓에 더욱 그를 아꼈다. 하지만 "대통령이 됐다고 해도 당신에게 품격이 생기는 것은 아니야Not even being a president could give you any class"(「하우스 오브 카드House of Cards」, 2013)라고 하듯이, 그의 정적과 보수적인 기득권은 그를 인간적으로 '무시'했다. "허균은 성품이 경솔하고 위엄이 없어 미천한 자들까지도 자신과 대등하게 대우했다"(허경진,『허균 평전』)고 하는데, 바로 여기에서 진보적 정치인인 허균과 노무현이 공히 세속과 어긋나는 틈이 생긴다. 그러므로 오롯한 자존심만으로 세상의 억압과 편견에 맞서왔던 그는 그 무시하는 시선 속에서 막다른 선택을 할 수밖에 없었다. 노무현에게서 놀라운 점은, 대통령까지 지낸 권력의지가 마치 그 정치적 주체의 전략을 송두리째 내팽개치듯이 도덕적 위기 앞에 한순간 빈 자아로 돌아가 돌연 그 '무능함의 급진성'을 담담하게 증거해버린 데 있다. 아우렐리우스 황제의 지론과는 조금 다른 의미에서 그는 결코 대통령의 페르소나에 적응할 수 없었던 인물인지도 모른다. 그는 이 근원적 불화와 어긋남 속에서 마침내 최고의 가면조차 절벽 아래로 벗어던지고, 고향 마을 속의 '개구리 잡고 가재 잡던' 자유로운 영혼으로 되돌아가고 만 것이다.

자본과 영혼

김대중과 노무현,
그리고
몰沒정치의 징후들

선각들이 일러준 불이不二의 지혜에 밝다면 한량없는 시간의 흐름에 없는 선을 긋고 나름의 감상感傷 속에 잠시라도 붙들리는 짓도 헛되다 할 것이다. 어쩌랴, 인간으로 살아가는 일, 굳이 앞뒤를 나누어 금세 잊힐 기념을 하고 헛된 축원을 하면서 살아가는 것이다. 대개 인생에 속한 것들이란 헛된 것의 '너머'에 초연히 있는 게 아니지 않던가. 차라리 잡박한 세속의 미몽 속으로부터 그나마 나은 이치들을 까불러내어 때때로 되새김질을 해도 그리 민망하지 않겠다. 시절에 얽힌 삿된 감상이나마 시대의 정신을 한순간이라도 비출 수 있다면, 그 행운에 기대어 한 시절을 마무리하는 글쟁이는 제 나름대로 행복할 것이기 때문이다.

　나의 사사로운 2009년은 여러 중요한 이별을 치르면서 인연을 맺고 끊는 가운데 상투적인 대로 각별한 인생고를 거듭 맛봤다. 또한 이것은 내 개인의 성숙을 시험하고 새로운 공부의 밑절미를 얻는 기회가 되기도 했다. 그러나 개인의 지평을 넘어서자마자 두 건의 석별惜別은 각기 나름의 정치사회적 의미를 품은 채 한반도의 명운을 가늠하는 기미機微를 흘린다. 노무현씨의 죽음은 참 의외의 사건이었다. 그 충격은 객관적 사실의 조사만으로 가실 성질이 아니며, 이 초유의 비극은 여태도 정치사적 의미를 찾아 과거로 마치 시지프스의 노동처럼 쉼 없이 소급한다. 모든 서사(이야기)와 플롯은 그 결국結局을 벼리로 삼아 역사가의 입을 통해 사후적으로 재구성될 뿐이지만, 어떤 '사건'들은 역사적 현재 속에 제자리를 얻어 서술되지 못한 채 미래를 향해 더듬거린다. 그래서 시대의 증상이 되어 그 미래의 기미를 흘린다. '징후徵候로서의 사건'이 곧 그런 것이다. 그의 정적들이 말하는 대로 '자살'이었든 혹은 그의 선택에 호의적이었던 소수의 평가처럼 '고귀한 죽음noble death'이거나 일사도무사一死都無事의 결의로 분류할 수 있든, 그의 죽음은 많은 이에게 충격이었다. 그러나 어쩌면 투신–자살이라는 행위는 가장 노무현다운 마지막 선택이었고, 그런 점에서 그 선택이 품은 시대와의 불화는 극히 징후적이다.

　도덕적 위기에 처한 양심적인 개인은 자기主體/subject가 자기

自我/ego에게 매섭게 맞서도록 내몰린다. 가령 전두환씨―전씨에게 '양심'이 없다고, 그가 '억울해'하지 않는다고 감히 말하지 마시라―같은 이는 제 나름대로 양심을 마주하되 필경 마비癡瘓라는 보호 기제를 뒤집어쓸 것이다. 김영삼씨 같은 이는 위기의 원인을 현실 속의 무엇으로 치환해서 종종 '네 탓'이라는 논리에 빠지고 만다. 그는 우직하고 직관적이어서 내남의 구별이 선명한 편이다. 이명박씨는 아무래도 독특한데, 내가 보기에 그의 주체는 극히 가소적可塑的이며, 현실적인 목적을 위해서는 불도저처럼 직진하되 그 과정에서 직면하는 심리적 장애는 송사리처럼 매끄럽게 우회할 수 있는 흥미로운 분석적 대상이 아닌가 한다. 박근혜씨는, 기이한 표현이지만, 주체와 에고가 거의 일치하는 인물로 보인다. 이런 식의 일치는 일반적으로 성인聖人에게서 드러나는데, 박씨는 당연히 성인과는 거리가 멀어 더욱 흥미로운 캐릭터가 아닐까 싶다.

노무현씨 같은 이는 속속들이 이기적일 수 없는 사람이다. 그가 현실 속에서 이기적인 언행을 반복하지 않는다는 게 아니다. 요점은, 환상이든 실제든 그가 스스로를 이기적인 존재로 표상하지 못하는 종류의 사람이라는 데 있다. 이 논의에서는 이기적인egotistic 사람과 나르시스적인narcissistic 사람으로 대별하는 게 편리한데, 이 프레임 속에서 노무현씨는 당연히 후자에 속한다. 이기적인 사람은 대체로 합리적으로 운신하며, 꾀바르고, 타협에 개방적이며, 타락과 오염을 삶의 비용으로 긍정하는 편이다. 이와 대조적으로 나르시스적 인간은 중요한 순간에 사회적 도덕보다 개인적 윤리를 앞세운다는 점에서 비합리적으로 일탈하는 편이며, 우직한 면모를 지니고 있고, 자신의 윤리적 일관성을 훼손하는 타협에 극히 민감하며, 허위의식이든 윤리적 급진주의이든 간에 삶의 양식을 굴절시키는 타락에 재바르게 응하기보다는 오히려 그 비용을 체화하려는 자학自虐의 경향마저 보일 수 있다. 이기주의자들은 자학하지 않는다.

노무현씨와 같은 경우는 위기의 순간이 닥치면 강력한 나르시시즘의 자장 속에서 영웅적 선택에 나설 수 있다. 이런 선택은 그의 존재가 세상과 불화하고 어긋나는 지점을 보인다는 점에서 증상적이지만, 그것이 그의 기질이나 이력과 뗄 수 없는 관계를 맺고 있다는 점에서도 증상적이다. 그의 선택이 생성된 배경이나 의미에 대해서는 그 어떤 평자도 정확하게 캐낼 수 없겠지만, 그가 이른바 중용中庸을 택하지 못한 것은 사실이다. 그리고 이 사실도 그를 이해하는 데 매우 중요한 잣대가 된다.

노무현씨에 비하면 김대중씨는 차라리 소심한 편인데, 그의 근기와 합리성은 오히려 이 심약과 조응해서 우리 시대 최고의 정치인으로서 굵고 긴 역정을 가능케 했다. 노무현씨가 단거리 승부사로서 그 이력의 일장일단에 정서적으로 반응한다면, 김대중씨는 그의 신산스러운 역정이 잘 나타내듯이 장거리 보행자의 전형적인 모습을 보였다. 예를 들어 유시민씨의 회고에 의하면, 김근태씨가 '존경하며 따라 배우고 싶은 인물'인 데 비해서 노무현씨는 사랑스럽고 '무엇인가 해주고 싶은 사람'이라는데, 흥미롭게도 김대중씨가 국민을 향해 말을 걸 때 가장 흔히 사용한 수사가 바로 '사랑하고 존경하는 (국민 여러분)'이었다. 어쩌면 '사랑과 존경'은 자신의 장거리 역정 속에서 김대중씨가 대중과 더불어 있고자 애쓰면서 주문처럼 키워갔던 열쇳말이었는지도 모른다.

비록 '인간의 연예인화'가 분야를 막론하고 진행되고 있긴 해도, 정치인의 품평에 대한 논의를 사랑이니 존경이니 하는 사적 정서에 얹어서는 곤란하다. 지역감정의 정치화가 천고의 악습인 것처럼 '인물평'에서 가능한 한 절제해야 하는 게 사적 정서의 배설이다. "영혼이 육체적 감각이나 욕망을 전혀 갖지 않고 참으로 존재하는 것을 추구할 때 가장 잘 사유하는 것"(소크라테스,『파이돈』)이라는 말은 당연히 평면적이지만, 되도록 개인의 선호나 기분에 의해 공적 의제에 접근하지 않도록 유의하는 것은 언제나 중요하다.

바로 이 지점에서 그간 별로 주목받지 못했지만 매우 중요한 역설을 지적해야 할 듯하다. 이는 내가 '세속의 어긋남'에 관해 논의하는 중에 자주 언급한 이치이기도 하지만, 사람의 장점과 단점은 언제나 변이變移의 상대적 추이를 보이며, 앵글과 시야를 고쳐가는 중에 생기는 어긋남을 피할 수 없는 법이다. 그런데 이 변이가 다름 아닌 사적 정서에 의해 촉발되거나 전염, 강화된다는 사실은 주목할 필요가 있다. 김대중씨와 노무현씨의 (사적 관계가 아니라) 역사정치적 관계도 노무현씨의 비극적 죽음에 따른 정서적 영향과 사적 계기들에 의해 일변하게 되었다. 노무현씨의 삶은 그의 비극적 죽음에 의해 극적으로 채색되고 정서적으로 동일시, 확산되었는데, 이 과정에서 노무현(정권)을 탄생시킨 김대중(정권)의 역사적 공과가 노무현씨의 죽음에 따른 비극적 완결의 블랙홀 속에 '함입'되는 왜곡이 생긴 것이다. 그런 뜻에서, 매우 역설적이지만, 김대중씨의 공적 성취를 노무현씨가 (물론 아무런 의도 없이) 사적으로 전유appropriation하거나 무색하게 만든 점이 조심스레 지적되어야 한다. 물론 이 주장에는 오해와 비난이, 혹은 내부적인 갈등이 곁붙을 가능성이 농후해 보인다. 하지만 이런 분석을 통해서라야 '사랑스럽지만 비극적인 최후를 맞이한' 노무현씨에 대한 정서적 접근을 순화하고, 동시에 김대중씨의 역사적 위치

자본과 영혼

와 그 성취에 대해 객관적으로 접근할 가능성을 제고할 수 있으리라고 본다.

나는 2002년 어느 겨울날에 노무현씨의 당선을 찐덥게 지켜보면서 은근한 미소를 흘린 바 있다. 대단한 감회는 없었다. 많은 이가 비슷한 소회를 밝히고 있지만, 나 역시 노씨에 관한 관심은 사후적이었고, 자못 낭만적인 성격의 것이었다. 그러나 1997년 어느 겨울의 선거 날에는 밤을 새운 술집에서 김대중씨의 당선을 기뻐하며 대취했다. 이 나라의 민주화를 위해 아무 한 일이 없는 나로서도 바닥 모르는 격정과 환희가 샘솟았다.

김대중씨는 여운형으로부터 시작된 좌우합작·중도통합의 정치적 계보를 잇는 마지막이자 최고의 인물이었다. 김대중은, 참으로 대중에게 제대로 알려지지 않은 채 죽은 거물로서 그의 정적들이 하루살이처럼 잊혀가는 중에 그의 위상은 이 땅의 역사와 함께 재평가될 것이다. 그러나 반복해서 말하지만, 그의 빛과 그림자가 후계자인 노무현씨의 '사건적' 죽음에 의해 무색해졌다는 사실에 대해서는 적절한 비평이 필요하다. 김씨는 노씨의 죽음에 대한 추도사에서 "내 몸의 반쪽이 무너져 내린 것 같다"고 고회苦懷하기도 했는데, 2009년 5월 23일 노무현씨가 세상을 떠난 지 불과 3개월이 못 되는 8월 18일에 숙환으로 타계했다.

조선 최고의 개혁 군주이자 군사君師를 자처했던 정조는 미완의 개혁 과제들과 역대 최대의 문집을 남긴 채 1800년, 채 쉰이 되지 못한 나이로 유명을 달리하고 말았다. 무인의 체질을 지녔고 자기관리가 엄격했던 정조의 이른 죽음을 두고 말들이 있고, 급기야 타살 추정을 내놓기도 한다. 그러나 사람이 죽음에 근접하는 모양새를 가만히 살피면, 흔히 그의 '주변'이 무너지는 형국이 보인다는 점에 유의할 필요가 있다. 정조의 측근이며 장기간 재상 자리에서 정조를 보필했고 정약용이나 이가환 등을 정치적으로 후원했던 채제공蔡濟恭(1720~1799)은 한 해 전에 세상을 등졌다. 벽파의 영수였지만 외척 배제의 의리론으로 정조의 신임을 얻었던 김종수金鍾秀(1728~1799)도 같은 해에 유명을 달리했다. 세자 시절부터 최측근이었던 정민시鄭民始(1745~1800)는 정조가 훙서薨逝하기 직전에 역시 세상을 떴다. 근시近侍들의 죽음이 정조의 죽음에 영향을 준 것처럼, 만일 노무현씨의 죽음이 김대중씨의 죽음에 어떤 식으로든 영향을 주었다면 그것은 아무 별스런 일이 아니다. 그러나 매우 별스러운 일은 노씨의 죽음이 김씨의 삶에 대한 관심과 평가 자체를 소외시키거나 무색케 하는 역사의 아이러니다.

2009년 이명박씨의 치세에 노무현씨와 김대중씨가 자살하고 죽은 것을 결코 우연으로 여길 수 없는 것은 나의 2009년이 유독 많은 이별로 점철되었기에 덧붙이는 감상이 아니다. 정치와 자본의 결탁은 항시 새로운 현상이 아니었지만, '자본주의의 정치적 기초'를 말하던 과거에서 이제는 '정치의 자본주의적 기초'가 차라리 자연스러울 지경이다. 물론 이 지경은 이명박씨에게서 분기점을 이룬다. 아무튼 2009년에 만난 두 죽음은 내게 한 시대 정치의 종말을 알리는 묵시였지만, 나의 사사로운 이별들이 내 종말에 어떤 묵시가 될지는 여전히 알지 못한다.

품위
없는
국가

제 나름의 일상에 바쁜 국민 한 사람 한 사람이 국가의 실체를 피부로 체감하기는 어렵다. 마치 대중의 이목을 집중시키는 스펙터클한 풍경들이 그 기원을 숨기면서 작동하듯이 차라리 '국민'이라는 개체들의 번잡한 일상은 오히려 '국가'라는 구조적 실체를 숨기는 장치라고 해도 좋을 것이다. 그러므로 동서양을 막론하고 지난 수세기에 걸쳐 지극히 자연스러운 법적·군사적 제도로 정착해버린 국가라는 테두리를 느낄 기회는 그야말로 예외적으로나 찾아올 뿐이다. 물 밖으로 포획된 물고기들이 그제야 혐기嫌氣의 몸부림을 치듯이, 무릇 자연이나 자연스럽게 된 것들은 예외적인 위기 상황에 봉착해서야 비로소 그 자연스러움에 의해 숨겨졌던 실체의 성격이나 기원을 토설한다. 국가나 가족이나 종교나 상식의

　　　　　　　　　　　　　자본과 영혼

체계 등 자연스러움을 자처하는 제도와 장치들은 이런 뜻에서 완악할 정도로 보수적이게 마련이다. 왜냐하면 그것들은 자신의 제도나 체계가 부서지고 무너지고서야 비로소 제 알속을 드러내 보이기 때문이다.

무엇보다 국가의 안쪽이 보장하는 그 관습적 평화의 영역을 벗어나 바깥쪽에 노출될 때 국민 개개인도 자신들이 그간 공기나 물처럼 의탁했던 국가라는 역사적 제도의 속성과 한계를 체감하게 된다. '붉은 악마' 현상이나 김연아 신드롬에서 보듯이 국가 대항의 경기도 조악한 대로 그 바깥쪽을 드러내는 계기가 된다. 좀 더 직접적으로는 '독도 영유권 분쟁'이라거나 서해교전과 같은 국가 간의 외교 분쟁이나 전쟁이야말로 국민과 국가가 이데올로기적(애국적)으로 이룬 합체合體의 풍경이 그 속살을 드러내는 기회다. 마찬가지로, 영토 안팎에서 벌어지는 위기 상황은 멀게는 국가라는 역사적 제도가 숨긴 기원을 엿볼 수 있게 하면서, 동시에 가깝게는 그 국가가 개개 국민에게 어떤 존재인지를 알린다.

수십 명의 젊은 생명을 졸지에 앗아간 천안함 침몰 사건을 둘러싸고 군 관계자들은 진동한동 움직이면서 대책 마련에 부심한 듯하다. 하지만 대체로 왁달박달할 뿐 도무지 믿음성 가는 성실한 일관성을 보여주지 않았다. 전 국민의 지대한 관심을 끄는 사건으로서 보도의 일획일자가 '대국민 보고'의 형식을 취할 수밖에 없다거나, 엄연한 적국으로 존재하는 북한의 침공을 붉은 눈자위를 한 채 들먹이거나, 사고의 원인을 밝히기 위해 외국으로부터 최고의 관련 전문가들을 초치한다는 등의 사태들은 그간 일상 속에 숨어 있던 군軍, 혹은 국가 전체가 통으로 드러나게 했다. 그러나 그렇게 서툴고 옹졸한 모습을 띤 채 드러난 국가의 실체는, 이명박 정부가 즐겨 사용한 이른바 '국격國格'과는 무관한 모습이었다.

한 사회의 '제도적 품위'(아비샤이 마갈릿)는 그 사회의 소수자와 약자, 피해자를 대하는 눈높이와 솜씨 있는 관심에 의해 확인된다. 천안함 침몰 사건을 보도하고 수습하는 과정에서 정부와 군 당국이 피해자 가족이나 이들과 심정적으로 공명하는 일반 국민을 대하는 관료적인 눈높이 및 솜씨와는 동떨어진 것이 실로 놀라울 정도여서, 일부 언론에서는 '불신의 늪'이라는 표현조차 서슴지 않았다. (2014년 세월호 침몰 사건과 이후의 수습 과정은 실로 경접할 정도의 무능과 부패를 드러냄으로써 이 늪을 호수나 바다의 지경으로 내몰았다.) 특히 한국군의 역사는 기원부터 의심스러운 구석이 있거니와, 4·3 사건, 한국전쟁 중의 민간인 학살, 월남 파병과 민간인 학살, 1980년의 광주 학살 등을 거치며 형성된 가학적 이미지를 채 불식시키지도 못하고 있는 형국 아닌가. 급기야 이런 일련의 사고를 통해 보여준 무능과 은폐 의혹은 자국민의 안전과 안심에 성심誠心을 보이기보다는 체계라는 알리바이(혹은 '알리바이의 체계')를 건사하기에 급급한 이미지를 덧씌우는 계기가 되었다.

미국 유학 시절의 일이다. 엉겁결에 어느 주말 파티에 끼어 있게 되었다. 꽤 시간이 흘러 파장에 가까워가던 시간, 한 젊은 부인의 품에 안긴 아기가 경기驚氣를 하는 통에 그 부인의 애절한 비명과 더불어 일순 혼란스러워졌다. 인상으로만 치면, 나로선 새끼의 위기를 자신의 것으로 '완벽히' 동일시하는 어미의 천성을 그처럼 적나라하게 느낀 적이 전무후무했다. 아무튼 911에 신고하자마자 결코 3분을 넘기기도 전에 소방서, 경찰서, 병원의 구급요원들이 차례로 도착했다. 이들의 신속함에도 놀랐지만, 현장에 닿자마자 재빠르게, 그러나 노련하게 사태를 파악·장악한 뒤 아기에게 응급조치를 하고 사색이 된 부인을 안심키기는 모습은 에누리 없는 감동 그 자체였다. 유학했던 3년 반 동안 이러한 경험은 간간이 이어졌다.

반공, 반북보다는 덜할지 모르지만 반미反美 이데올로기에도 나름의 역사정치적 정당성이 있다. 그리고 할리우드의 차양 아래 수입된 미국인의 생활은 마치 섹스와 마약과 총기로 점철된 듯 보이기도 한다. 그런데다 한국에 나와 있는 미군이나 영어 강사들의 유치하고 고압적인 행태조차 뒤섞여, 진보적이거나 지각이 있는 이들의 마음에 비친 미美국이 그리 아름답게 보이지 않은 지 오래되었다. 그러나 내가 그 일상을 엿볼 수 있었던 미국에 대한 가장 분명한 체감은, '(이) 나라는 (이) 국민을 보호한다'는 믿음이었다. 그 신뢰는 한낱 유학생에 불과했던 내 생활에까지 서슴없이 침투했다. 대외적으로 신뢰를 잃은 그 나라를 때론 매도하면서도 자국민에 대한 신뢰와 제도적 품위를 유지하려는 노력만큼은 인정하게 되었다.

하지만 '천안함 사건'과 '세월호 사고'로 드러난 한국의 제도적 품위는 실로 민망할 정도였다. 천안함이나 세월호와 함께 침몰한 것은 우리 조국의 겉모습을 지배하고 있던 정권과 제도였던 것이다. 개인의 인격이나 솜씨도 위난에 대처하고 약자의 요청에 응대하는 방식에 따라 결정된다. 내가 지난 수십 년간 여러 계기로 지근거리에서 살펴본 우리 사회의 관료제도—동사무소든 병무청이든 혹은 그 무엇이든—는 바로 이 대처와 응대에서 대체로 끔찍했다. 일정日政과 독재의 경험을 통해 공권력에 대한 신뢰를 상실했다고들 하듯이, 군軍이나 관료의 제도적 권력에 대한 트라우마적 반응은 21세기에도 여전히 잔존하고 있다.

자본과 영혼

6부

미래의 개인

사생활주의와
생활정치

웰빙well-being 열풍이 천지를 뒤덮은 게 어제 같은데, 오늘은 힐링 healing이 대세를 이루고 있다. 힐링의 보신주의에 걸맞게, 조깅도 아니고 웰빙 식의 '파워 워킹'도 아닌 그저 이런저런 '걷기'가 만병통치약인 듯 선전되고 다투어 실천된다. '쏠림 현상'(강준만)이 여기서도 어김없다. 직립 동물인 인간이 바야흐로 걷기 시작한 것처럼 호들갑스럽다. 거기에다 명상, 요가, 선무도, 템플스테이 등 "불교적 색채를 띤 사적 쾌락주의"(지젝)의 취향들이 사생활을 배려하는 형식으로 관심을 모은다. 비교적 비용이 적은 데다 몸과 마음을 청신하게 다스리는 좋고 소박한 운동들임에는 이견이 없다. 그러나 이런 사적 활동이 사회적 영역의 주된 화두이자 매체가 되는 현상은 한번쯤 질기게 되새김할 필요가 있다.

공사를 넘나들면서 정보를 축적하고 개인들의 생활을 국가 기업의 체제에 묶어둘 수 있는 정보·통신기술의 눈부신 발전·파급, 그리고 암약(!)은 일견 '사생활의 종말'(폴 비릴리오)을 재촉할 것 같기도 하다. 비릴리오의 지적처럼 정보혁명은 그 자체로 일종의 폭로와 '밀고密告의 혁명'을 촉발시키고 있는 현실이니 말이다. 가령 근자에 배우자의 불륜을 감시하는 밀고 사업체들의 활황에 대한 보도도 이와 관련된 적절한 사례일 듯싶다. 그러나 삶의 대세는 여전히 사생활주의와 보신주의에 머물러 있다. 무슨 독립운동의 과제가 있는 것도 아니고, 민주화 투쟁의 현안에 목을 맬 필요도 없고, 이념의 유토피아에 투신할 시대도 아니며, 종교나 형이상학적 대의에 몸을 부르르 떨 이유도 없다. '엔돌핀'(황수관)이니 '세로토닌'(이시형)이니 하는 건강 환원주의적 슬로건이 널리 먹혔듯이, 이 소비사회의 소비자들은 우선 사생활주의자이며 건강보신주의자들인 것이다.

한때 버지니아 울프 같은 여성주의 작가들은 사생활로만 내몰리는 여성의 삶에서 '생활'을 확보하기 위해 분투했고, 이른바 '자기만의 방'을 그 소박한 이념으로 내세우기도 했다. 그렇지만 자기만의 방이 누구에게나―심지어 애완견에게도!―주어진 지금, 이윽고 그 방에는 아무런 이념이 남아 있지 않게 되었다. 이념이란 게 있다면, 그것은 오직 '무이념의 이념'인 에고이즘egoism, 즉 묻지마! 이념뿐인 것이다. 자기만의 방 속에서 스마트폰이니 인터넷이니 하는 각종 매체로 무장한 소비자-시민들은 이 신매체의 공간이 몰아온 새로운 고독과 불안과 피로 속에서 오직 다양한 소비를 통해서만 자신의 존재를 증명한다.

고대 서양의 전통 속에서 사생활privacy은 애초 공적인 활동이 '박탈된privatum 삶'을 뜻했다. 한마디로 그것은 여자나 이방인이나 노예의 경우처럼, 공론 영역의 개입과 결정으로부터 배제된 삶을 가리키는 말이었다. 그러나 근대에 들어 눈부시게 활성화된 자본제적 개인주의 때문에 사적 영역은 매우 풍요롭고 생산적으로 변화했으며, 특히 종교와 혁명과 이념의 시대를 넘긴 이후, 전 세계 부르주아들은 한결같이 '작고 예쁜 내 것'—이를테면 휴대전화, 개와 고양이, 내 아기의 흐벅진 살, 차茶와 적포도주 등등—에서 행복을 구하고 있다. 우리의 경우도 1980년대의 '자본과 노동의 대립'이 엮어낸 거시적 갈등의 구조가 물러간 1990년대 이후 펼쳐진 '문화의 장'은 소비사회와 사생활주의의 전면화를 부추겼다.

울프나 시몬 베유 같은 여성은 "적게 먹고 질문은 많이 하라!"고 했지만, 지금의 세상은 어김없이 '많이 소비하지만 질문은 없는 세속'이다. 이런 식으로, 과학기술의 무궁한 발전을 배경으로 둔 채 개인들은 오직 사생활주의 속에서 소비자적 주체로서만 영생하게 되는 것일까? 아니라면, 사적 취향과 소비의 체계를 깨고 나와 새로운 삶의 양식들을 차분하고 현명하게 설계하며 구성하고 실천할 수 있을까? 작은 일에 뼛성을 내고 찜부럭을 부리는 게 아니라 큰일에 제대로 분노하는 삶은 어떻게 가능할까? 모든 일이 생계와 사적 취향으로 환원되고 마는 자본제적 세속에서 늘 자신의 삶을 문제시하며 사회적 약자들과 연대하는 생활정치는 어떻게 일상 속에 뿌리를 내릴까?

'몸이 좋은 사람'이란 무엇인가?

1. 내가 공동체를 현장으로 삼아 오랫동안 조형하고 실천하고자 애썼던 '몸이 좋은 사람'이라는 이념을 이해할 때 우선 도드라지는 지점은 '마음이 좋은(착한) 사람'이라는 개념과 길항하는 곳이다. 먼저, '몸이 좋은 사람'은 마음이 착한 사람 따위가 아니다. (나는 '마음이 착한 사람'을 그 자체로 타박하는 게 아니며, 곧 드러나겠지만, 어떤 용례의 혼동을 버르집고 있을 뿐이다.)

　　정확히는, 이 둘은 반대말이 아니라, 다른 차원을 배경삼아 조형되는 다른 성분의 개념들이다. 돌려 해설하자면, 우선 마음이 착한 사람이 몸이 좋은 사람이 될 가능성은 대체로 희박하다는 지적에 유의해야 한다. 더불어 몸이 좋은 사람이라는 형식은, 심리의 특유하게 요란스러운 변개變改를 누르고, 외려 그 마음을 ('연극적 실천'을 통해서) 죽이는 데 능한 태도를 가리킨다.

2. 한편 몸이 좋은 사람은 '산책'의 주체들이기도 하다. 자본제적 삶과 창의적인 불화를 일삼으려는 일련의 실천이며, 따라서 (다소 뜬금없이 들리겠지만) 정치사회적 함의를 지닌다. 이는, 내가 오랫동안 유지해오고 있는 일일일식一日一食의 버릇이 정치사회적 실천인 것과 비슷하다.

그러므로 이 '몸'은 권상우나 정다연 등으로 재현되는 그 '몸'이 아니다. 이 몸은 새로운 삶의 양식에 얹힌 채 응공應供을 향하여 지속되는 상호작용의 매체이지, 근육운동을 하거나 닭가슴살을 먹고 얻는 어떤 살의 풍경이 아니기 때문이다. 몸이 좋은 사람은, 바로 그 진지함과 급진성으로 인해서, 세속의 몸짱-쏠림 현상에 대한 일종의 패러디일 뿐 아니라 사람과 사람 사이의 새로운 관계 형성의 주된 매체이자 형식이 된다. (물론 나는 이런 사람들의 형식을 '동무'라는 이념 속에 수렴하고자 했다.)

3. 몸이 좋은 사람의 이념은 응공應供이다. 이 말은 내가 불교 용어 중 하나를 새롭게 전유한 것으로서, 응하기와 이바지하기라는 두 의미를 합병한 조어다. 몸이 좋은 사람이란 한마디로 응하

기의 달인에 다름 아니기 때문이다. 응공이란, 좋은 응하기가 이미 좋은 이바지하기와 내적으로 연계되어 있으며, 거꾸로 호혜적 이바지는 다시 현명한 응하기를 재생산한다는 사실로 이어진다. 천국도 어떤 응하기의 형식 속에서야 개창Erschließung되며, 지옥도 어떤 응하기 속에서 가능한 지경인 것이다.

　　응하기는 더불어 살아가는 인간의 삶에서 다만 인간이 매일 실천하는 언행의 일반 형식에 불과하다. 사람들 사이에서 서로 응하는 게 일상이며, 더 나아가 동물 및 식물과 더불어, 혹은 그 사이에서 적절히 응하는 게 또한 일상이고, 주변의 갖은 사물과도 유익하고 조화로운 관계를 맺는 게 우리 일상이다. 심지어 (귀)신이나 외계인들과 새로운 관계를 맺으며 응하기의 차원과 외연을 넓혀가고 있지 않은가? 동아시아 사상에서 주된 관심거리를 이루었던 윤리학적 실천의 요령 중에는 이른바 '응화應和'의 이치가 면면한 것이다. 천지자연과의 어울림이 노자老子이며, 산 자와 죽은 자를 포함한 넓은 인간관계 속에서 적절하고 합리적인 응대의 순서를 얻는 게 곧 유교이고, 과거와 미래를 아우르는 거대한 인연의 망網 속에서 현명한 응대를 실천하려는 게 곧 불교인 것이다.

　　4. 응공을 지향하는, 몸이 좋은 사람의 이념이 가진 중요성은

비근한 일상 속에서 나날이 확인된다. 일상의 조직 자체가 이미 응하기의 쉼 없는 연쇄이기도 하지만, 우리가 겪는 삶의 질곡과 상처와 갈등과 우울은 거의 전부가 응하기의 실패 및 결락과 관련된다. 가령 '타인은 지옥L'enfer c'est les autres'이라는 사르트르의 명제는 이 같은 어긋남의 기저를 치는 언명이다.

　나는 '몸이 좋은 사람'을 위한 구체적인 테크닉으로서 '연극적 실천'이나 특히 '현복지(현명한 복종과 현명한 지배)'를 주문하며, 공동체의 여건 속에서 이를 더불어 실천한 바 있다. 여기서 연극적 실천이란, 결국 몸으로 만나 응할 수밖에 없는 인간들이 스스로의 한계를 절감하고 그 조건 속에서 창의적인 어울림의 가능성을 모색하려는 노동이다. 물론 피폐하고 무능한 심리주의는 이로써 차츰 제어될 수 있을 것이다. '현복지' 역시 구체적인 일상의 어울림 속에서 그 응하는 몸들의 기민하고 적절한 연쇄를 꾀하는 일련의 수행적 노력이다. 내 오래된 표현처럼 동무가 '인문연대의 미래 형식'이라면, 몸이 좋은 사람은 그 구체적인 방법론의 하나인 것이다.

자본과 영혼

독립하되
고립되지
않는다

틈틈이 꾀를 부리고 꾸준히 힘을 기르는 것. 이는 강자들과 이웃하며 살아갈 수밖에 없는 약자들의 운명이자 일상의 노릇이다. 이른바 '감거나 풀면서 그 사잇길을 택하는 일緊緩間 得其中道'은 강자(들)와 거래하는 중에 나름의 실리를 도모하면서도 자존심을 구기지 않으려는 것이다. 지배의 메커니즘에 '자연스럽게' 젖어드는 짓 속에 속악한 이데올로기가 횡행하듯이, 거세와 순치馴致의 보상으로 주어지는 안전이 결코 자연스럽지 않다는 사실을 깨닫는 게 바로 독립의 출발이다.

'독립'이 국운을 위한 화두인 것은, 침략자 일제를 까부수려던 항일 독립군들의 몫만은 아니었다. 뻑하면 '지정학'을 주워섬겼듯이, 한반도의 시세時勢에 관한 한 대국 강자들의 틈바구니에 끼여 살아온 운명은 결정적이다 못해 때론 치명적이었다. 그래서 그 '사이비 자연성'을 들어내고 보면, 언제나 독립을 위한 꾀와 힘은 한반도 민족의 만성적인 과제이자 부담이었다.

중화를 자처한 한족의 명나라가 흐물흐물 서쪽으로 기울고 변방의 오랑캐 후금淸이 욱일득세하던 17세기 초엽의 광해군 치세가 바로 그 꾀와 힘이 절실하던 때였다. 임진왜란을 온몸으로 치르면서 얻은 미립과 경륜의 주인공 광해군은 바로 이 '꾀와 힘'의 문제를 이른바 기미羈縻(굴레와 고삐)와 자강自强의 정책으로 풀어나갔다. 중화주의에 '자연스레' 동화된 채 재조再造의 은혜만을 맹목으로 외면서 턱없이 후금을 멸시하던 사대부 신료들과 달리, 임금은 꾀바르게 중립 노선을 취하면서 어렵사리 자립의 길을 꾸려가고자 했다. 다음은 그 임금의 말이다. "중원의 형세가 참으로 위태로우니 이러한 때에는 안으로 자강을, 밖으로는 기미하는 것을 꾀하여 한결같이 고려가 했던 것처럼 해야만 나라를 보전할 수 있을 것이다." 예컨대 1619년 명나라의 강요에 떠밀려 출병('심하' 전투)하면서도, 명과 후금 사이에서 주도면밀하게 조율된 등거리 노선을 유지하면서 조선의 자존自存과 자존自尊을 지키려고 애썼던 것도 마찬가지다.

사신과 간자間者들을 무시로 활용하면서 중원의 형세와 동향을 적극적으로 파악하고 이를 바탕으로 근근이 '사잇길 정치'를 펼쳐낸 광해군처럼, 고려의 31대 공민왕(재위 1351~1374)도 원 명元明 교체기의 대륙 정세를 환히 꿰뚫고 있었다. 그는 사잇길에서 벗어나와 아예 자립의 신작로를 구축하려고 했다. 한국 근대화의 비밀이 '친일 문제' 그리고 '친미 문제'인 것처럼, 고려의 생존과 안전에도 '친원 문제'가 핵심이었던 것이다. 공민왕은 민족의 자존과 나라의 독립에는 무관심한 채 대대로 기득권을 이어온 친원파 권문세족들을 정치적으로 소외시키면서 신진 사대부들을 매개로 개혁의 기치를 내걸었다. 비록 개인적 패덕으로 인해 그 개혁 정신은 빛이 바랬지만, 그의 고민과 선택 역시 우리 한반도 민족의 명운이 규정당하는 역사적 패턴의 전형을 보인다는 점에서 극히 교훈적이다.

근자에 다시 전시작전통제권의 환수와 재연기 문제가 화제에 올랐다. 역사를 아는 이라면 원나라, 명나라, 청나라, 일본, 미국 등의 요구에 따른 수많은 출병出兵에 다시 씁쓸한 생각이 미치지 않을 수 없게 하는 사건이다. 이승만이 미국에 넘겨준 전작권에 대해서는 그간 여러 차례 환수 시도가 있었지만 번번이 좌절되었다. 이명박에 이어 박근혜 정권에서도 다시 전작권 환수(2015)를 연기하려는 움직임을 보인다. 그간 '빨갱이!'라면 만사가 옹색

해졌듯이, 물론 '북한의 위협에 따른 정세 변화'가 단골 메뉴다. 박정희 정권 이래 '자주국방'을 말해온 지 수십 년이고, 남북의 군사력 비교치는 이미 상식이 되었건만, 자국의 전시작전통제권마저 남의 수중에 넘겨놓은 채 책임져야 할 이들은 실없는 엉너리만 치고 있다.

　돈키호테 식의 고립이 아니라 '독립'의 자존심이나 요령이라도 부려야 하지 않겠는가? 몽골로부터 미국으로 이어지는 상전들의 채찍과 당근에 '자연스레' 길들여져서 어느새 생존生存과 자존自尊을 구별조차 못 하는 지경에 빠져 사는 게 아닌가? 노무현의 말처럼 "상전(미국)의 바짓가랑이에 매달려가지고…… 아이고, 형님, 형님 빽만 믿겠다!"는 타성으로 그새 천 년 세월이 아니던가? "부끄러운 줄을 알아야지", 독립의 시늉이라도 부려볼 일이 아닌가?

　　　　　　　　　　　　　　　　　　　　　자본과 영혼

실수하지
않는다

태조 이성계나 상주 출신의 정기룡鄭起龍(1562~1622) 장군도 그렇지만, 이순신은 수십 차례나 왜적과 싸우면서도 연전연승한 명장으로 알려져 있다. 박정희 시대를 거치면서 그가 성웅聖雄으로 '정착'된 탓에 그를 쳐다보는 우리 눈이 부시고 시야가 다소 애매할 수밖에 없긴 하지만, 아무튼 그는 자신이 주도한 수십 차례의 전투에서 단 한 번도 큰 실수를 범하지 않았던 게 분명해 보인다. 사가들도 명량해전을 위시한 몇몇 싸움의 전공은 불가사의한 것이라고 평가한다. 나 역시 한때는 (엉뚱하게도) 해군사관학교에 들어갈 뻔했던 사람으로서 관심이 결코 얇지 않은데, 가장 인상적인 대목은 그가 수많은 전투를 치르면서 한 차례도 '실수하지 않았다'는 사실이다. 범인들은 그저 7전8기를 칭송하지만, 우리는 한 번도 넘어지지 않는 사람에 대해 깊이 연구하거나 이해해본 적이 없다.

긴 세월 미야모토 무사시宮本武藏(1584~1645)에 대해 지녀온 관심의 속내도 그러한 것이었다. 장기간 여러 번 무엇인가를 행하면서 한 차례도 실수하지 않는 것. 바로 그것이었다. 알려진 바에 따르면 그는 예순 몇 차례의 결투를 치르면서도 끝내 불패의 검객으로 남았다. 불패라는 것은 의당 운運의 문제도 아니지만, 실력만의 문제도 아니라는 데 주목해야 한다. 우리 인생이 거듭해서 우리에게 알려주는 것은, 실력이 실수를 막지 못한다는 사실이기 때문이다. 세속이라는 삶의 자리는 꼭 이런 어긋남을 본질로 한다. 그리고 이 '어긋남'이야말로 인문학 공부의 화두다.

몇 년간 나를 찾아와 배운 적 있는 '청라'라는 젊은이는 학부 성적이 몽땅 A+였다. 그가 졸업하던 날 신문기사는 그 국립대학이 생긴 이래 처음이라고 전했다. 학부 성적이라면 C도 적지 않던 나로서는 경이로운 표정으로 물어봤다. 그래…… A가 단 하나도 없단 말이지? 응, 응? 나는 수년간 청라를 만나면서 그 실력과 재능을 알 수 있었고, 운수와 운명을 짐작할 수 있었다. 그러나 내가 늘 궁금했던 것은 그 재능도 운수도 아니었다. 그것은 도대체 왜, 어떻게, 한 번도 실수하지 않는가 하는 점에 있었다. 인간이

자본과 영혼

라면 마땅히 실수해야 하지 않는가?

청라가 밝힌 비결(?)은 일견 단순한 것이었다. 요령은 'A는 교재를 공부하지만, A+는 선생을 공부한다'는 것이었다. 교재뿐 아니라 선생을 공부하는 것을 요령으로 삼는다고? 이는 새로운 지적도 아니고 그만의 독특한 책략도 아닌 듯 들린다. 병법에도 '적까지 알아야 늘 이긴다知彼知己百戰百勝'지 않던가? 이순신도 누구 못지않게 망꾼이나 반간反間의 활용에 애를 썼고, 무사시가 벌인 최고의 일전에서도 그는 평소의 칼을 버리고 노櫓를 길게 깎아 상대의 허를 찌른다. 그리고 수년간 청라와 대화를 나누면서 살핀바, 그가 선생을 공부한다는 말은 아무 헛말이 아니었다.

그러나 인문학도로서의 내 주된 관심은 결투나 학점 등이 아니라 그 누구나의 일상, 바로 그것이다. 말하자면 새로울 것도 낯설 것도 없는 일상에서 실수하지 않는다는 것의 가능성과 뜻을 캐는 일이다. 왜 인간은 쉼 없이 자빠지는 것일까? 왜 또 접시를 깨고, 약속을 또 어기고, 어제 한 실수를 오늘 거듭하는 것일까? 그럴진대 자신의 삶을 자기 약속의 견결함 속에 일매지게 묶어놓을 수 있는 사람의 능력은 대체 어떻게 생기는 것일까? 연습이 실전에서 온전히 드러나지 못하고, 공부가 생활 앞에서 자빠지는 현실이 마치 세속의 운명처럼 되풀이되곤 하는데, 왜 어떤 소수의 인간은 실수하지 않는 것일까?

    한비韓非는 「설득의 어려움說難」이라는 글에서 그 어려움의 알
짬은 '상대의 마음에 내 말을 맞출 수 없음'이라고 요약한다. 적이
든 선생이든 혹은 대화 상대든, 역시 상대편이 문제일까? 돌려 말
하면 상대를 내 마음대로 여긴다는 것, 내 어리석고 오연한 마음
은 늘 상대에 제대로 이르지 못한다는 것이다. 공대恭待의 뜻은 여
기에서 두드러진다. 인간에게 실수하지 않는 생활이 있다면 그것
은 모든 '상대'에 대한 나름의 태도에서 결정되는 것일까? 그 상대
가 접시든 애인이든?

                                                                   자본과 영혼

미래의
개인

전경린의 단편 「장미십자가」의 주연 정연우는 제 상처의 아득한 고독 속에서 "내일 오후나 모레쯤 들러주겠니?"라는 전화를 마지막으로 팔목 동맥을 끊고 자살한다. 그리고 피범벅이 된 그의 시체는 사흘 후에 '발견'된다.

「매디슨 카운티의 다리」(1995)나 더그 블록의 「엄마의 일기장」(2007)에서는 죽은 엄마의 일기장이 '발견'되면서 바야흐로 역동적, 감동적인 플롯의 골과 마루가 펼쳐진다. 그러나 실은 아무런 발견이 아닌 발견이며, 그 내용은 일상 속에 내내 널브러져 있었던 것이다. 하지만 마치 (짐멜이나 아도르노가 똑같이 밝혀놓았듯이) 비밀은 비밀이라고 명명·인정되는 형식을 통해 그 비밀의 내용을 갖듯이, 개인으로 죽은 정연우의 고독과 역시 개인으로 죽

은 엄마들의 사랑은 '발견'이라는 사이비 – 형식을 통해 재가되고
사후적으로 재구성된다.

　우스꽝스럽게 '발견'되는 오늘날의 개인은 '군중의 사람'(에
드거 앨런 포)이었다가 '고독한 군중'(데이비드 리스먼)이었던 그
개인의 후예들이다. 전화와 일기 속에 최후의 말을 남길 수밖에
없는 그 개인의 고독은 실은 개인의 것이 아니다. 이미 그것은 '체
계적'인 것이다. 이 경우 유일회적 불안과 희망 속에 진동하던 내
실존조차 체계적이며, 우리의 실존은 그 사밀한 처녀성을 잃고 체
계에 구성적으로 의탁한다. 강수돌은 현대인의 만성적인 일중독
work addiction을 분석하는 글에서 '자아 정체성의 자리에 시스템 정
체성이 대신 들어앉는 것'을 말한다. 비단 일중독의 문제가 아니
라도, 개인(실존)／전체(체계)로 양분해서 세상을 뜯어보던 구태
를 반성·비판하는 학인들의 음성은 이미 벌떼처럼 잉잉거린다.
미래의 개인주의는 실존과 체계의 공속적Zusammengehörig 운명 속
에서 하나의 기계적 함수로 드러날 오멘omen의 냄새를 풍긴다.

　그때 각 개인에게 그 개인의 자아는 (마치 '나만의 비밀'이 꼭
그러하듯이) 오히려 '나 혼자만 모르고 있는 것'이 된다. 그리고
내 상상 속에 꼭꼭 감추고 있었던 그것은 오히려, 이미, 타인들 사
이의 어느 (상상치 못한) 곳곳에서 심각하게 변형된 채 유통되고

　　　　　　　　　　　　　　　　　자본과 영혼

있는 것이 된다. 그렇게 개인은 어느덧 내 것이면서 동시에 완전히 남의 것이다.

　예를 들어 몇몇 똑똑한 여자는 심각하게 페미니즘을 배운 후 명랑하게 유행의 강물 속에 몸을 담근다. 그러니까, 괴테나 짐멜의 낭만적 여성관이 씨알도 먹히지 않는 그곳에서부터 미래의 인간을 조망할 새로운 시야가 트인다. 마찬가지로 보드리야르나 울리히 벡에 의하면, 세계화된 소비자본주의 속의 개인은 시장의 일반명령에 순응해서 결국 존재의 체계적 표준화에 이르는 길일 뿐이다. 제러미 리프킨처럼 자기실현 욕망과 소비 욕망의 성공적인 결합을 얘기하는 이들은 미래의 이데올로그로 뻔질나게 무대 위에 올려지겠지만, 언젠가는 후쿠야마처럼 자신의 언설로부터 꽁지 빠지게 도망다닐 신세에 처하고 말 것이다. 그렇다면 '실존을 미학적으로 규범화·양식화하기'(푸코)가 제법 먹힐 것이라는 생각은 어떤가? 엄밀히 말하자면, 그것은 미시마 유키오나 체 게바라의 세대에서 이미 멈추어버린 신화다. 오래전에 조지프 캠벨이 '자본주의적 미래 속에는 신화가 없다'고 했던 식으로, 이제 개인의 실존이나 인문人紋으로 귀속하는 미학은 없다.

　중세를 내팽개치고 계몽의 마당 속에서 해방과 자유를 일구어온 현대의 개인들은 다시 새로운 주인을 즐겨 섬긴다. 효율과 편리를 앞세운 갖은 기계들이 강박적으로 분화하고, 그 분화에 적응해야만 하는 개인들은 반인격적으로 기능화된다. 영어와 수학도 기능이고, 연애와 혼인도 기능이고, 가족과 사회도 기능이고, 몸과 정신도 기능이고, 부처와 예수도 기능이다.

그사이 기계적 기능주의에 저항하는 일부 개인은 기계와 자본의 체계로부터 '더 개인적인 것'을 구원하기 위해 용을 쓰고 과장을 떨고 짐짓 심오한 체한다. 그러나 '판타즈마고리아 phantasmagoria 같은 도시자본제적 삶의 양식'(벤야민) 속에서 애써 구한 '개인적인 것'은 실은 그 '누구'의 것도 아니다. 그것은 체계의 것이며, 유행의 단말기이며, '모방 그 자체'(지라르), 혹은 한갓 환상이다. 미래의 개인, 그것은 절망적인 해방이며 해방된 절망이다. 개인의 구원을 희망하되, 그 구원이 절망임을 늘 한발 늦게 발견하는 강박이다.

자본과 영혼

일식一食의
정치학

일일일식一日一食을 탈정치적으로 이해하자면, 그 요체는 선신위
정善身爲靜, 애오라지 그것뿐이다. 비우면, 그래서 깨끗하면 조용해
지는 이치를 배우는 것이다. 내게 있어 일식은 금욕이라거나 혹은
어떤 종교적 뉘앙스를 품지 않는다. 그것은 은자隱者의 비밀도 도
인道人의 열쇠도 아무것도 아니다. 내 오랜 경험 속의 일식은 입속
의 문제도 위장의 문제도 아니다. 그것은 몸의 문제, 혹은 (다소간
의 오해를 무릅쓰자면) 기氣의 문제랄 수 있다. 물론 '기의 문제'라
고 해서 신통방통한 지랄知剌을 떨 일은 없다. 요컨대 일식의 일一
은 배변의 정점頂点과 하나一로 이어져 있다.

    내 경우에 일식의 반려는 산책과 차茶다. 차는 워낙 생활이자
의례 같은 것이라, 몸을 낮추는 효과 속에서 음식이 몸에 내려앉

는 체감을 얻기에 좋다. 일식이란 결국 (몸을 살피는) 신성身省의 한 가지 방식이며, 그런 뜻에서 음식을 낯설게 느끼기에 다름 아니기 때문이다. 살과 음식 사이의 근원적 불화不和를 느낄 수 있을 때 일식은 요령을 얻는 것이기 때문이다.

바로 이 불화의 체감이 일식의 정치학, 더 나아가 음식 일반의 정치학이 시작되는 지점이다. 에드워드 사이드처럼 '자발적 시작'을 비평적 사유의 계기로 삼은 이가 적지 않은데, 인생의 '제한된 경험'(야스퍼스)을 거쳐 나오면서 새로운 삶과 비평의 계기를 얻는 일은 차라리 자연스럽기 때문이다. (아뿔사, 실은 이러한 것은 현실적으로는 그리 자연스럽지 않은데) 가령 음식을 먹지 않는 자는 없지만 그 맛을 아는 자는 드물고, 비록 그 맛을 알더라도 그 경험 속에서 자신과 이웃 세상을 바꾸는 계기를 얻고자 하는 사람은 거의 없기 때문이다.

그런 뜻에서, 일일일식은 산책의 한 갈래로서 그 의미를 얻는다. 왜냐하면 지난 10여 년간 나는 '산책'이라는 것을 '자본제적 삶과의 창의적 불화의 양식'이라고 누누이 정의해왔기 때문이다. 그러므로, 굳이 '일식의 정치학'이라고 조금 군색한 제목을 단 것은, 우선 하루 세끼를 먹는 게 무슨 자연의 섭리이거나 개인의 자발적 시작이 아니라 세속의 자본제적 삶의 양식에 잇댄 일종의 가

자본과 영혼

설무대와 같은 것이기 때문이다. 또한 이 임시 가설무대를 거슬러 불화하는 삶을 끈기 있게 실천하려는 노력 속에서 몸의 새로운 가능성과 더불어 마치 장마구름 속의 햇살을 느끼듯 감히 세속적 체계의 바깥을 넘보려 하기 때문이다.

예를 들어 전자주민증을 없애거나 특정한 신문이나 잡지를 거들떠보지도 않거나 (동무를 위해) 친구를 없애거나 한 끼를 위해 두 끼를 없앤 것은, 우리 일상의 작은 것들에 다르게 개입함으로써 얻는 정치적 계기 때문이다. 음식을 먹는 일에 나름의 분별을 지켜 자기 삶의 성격과 성질을 요량할 수 있는 낌새로 삼고, 그것이 버릇과 생활, 세속의 체제와 관련되는 방식을 탐색하는 것은 다만 수행자들의 몫이 아니다. 마치 휴대전화나 술酒이 급기야 사람을 지배하고 '근본독점'(이반 일리치)하는 '강성 매체'로서 단지 개인의 취향과 문화적 향수의 몫이 아니라 특정한 생활양식과 체계의 단말기 노릇을 할 수밖에 없듯이, 우리 모두가 끝없이 먹어 치우는 매끼의 음식도, 음식의 문화도, 그 산업과 체계도 엄연한 정치의 길이기 때문이다.

희망이란
무엇인가?

라요스 콜타이의 「페이트리스」(2005)도 제2차 세계대전 중의 나치 강제수용소를 무대로 삼은 실화극 중 하나다. 이 영화의 장점은 소재주의로 기우는 대목을 돔바르게 부추겨 세워, 그 지옥도 속에서도 가능한 인간성의 틈과 여백을 살핀다는 데 있다. 살아남은 소년은 "아우슈비츠와 부헨발트 수용소에서도 제일 좋아했던 시간들"과 "나를 죽음에서 구해주었던 사람들"을 떠올리면서 '거기에도 행복은 있었다'고 속삭인다.

'행복'조차 숨어 있었던 아우슈비츠였으니 필시 희망도 번득이고 있었을 것이다. 아우슈비츠에서도 희망의 싹을 볼 수 있었다면, 삼청교육대에서부터 이명박씨의 웃음에 이르기까지, 4·3사건에서부터 강남좌파에 이르기까지 그 어느 곳에서든 희망의 틈은 생겼을 것이다. 좀더 넉넉하고 세세하게 준별하면서 역지사지의 동정적 혜안을 가다듬는다면, 행복의 너울은 곳곳에서 야울거릴 것이고, 희망의 씨앗도 처처에서 맥동할 수 있을 것이다. 좁은 감옥 속의 콘크리트 벽에 붙어 솟음하는 풀 한 포기를 만지고 들여다보는 시인의 눈에 잡힌 희망이 곧 우리의 것이라면!

나는 33개월의 만기 군 복무를 마치고 하사로 제대했는데, 나도 모르게 그 경험을 내면화한 채 "군대에서도 공부할 수 있고, 배울 게 많으니 너 하기 나름이야!"라며, "군복을 입어도 행복은 있어!"라면서 입대하는 후학과 학생들에게 조언이랍시고 내뱉곤 했다. 그런데 근자에 내 학생 중 몇몇이 '양심적 병역거부자'를 결심하며 감옥살이를 자초하려는 고민을 전해오면서 나는 '희망'도 세속적 욕망의 작은 차이들을 넘어 자란다는 사실을 되새기게 되었다. 군대라는 제도와 체계를 인정한 채 그 속에서 안전한 행복을 노리는 희망인가, 아니면 군대라는 기존 사실 자체를 넘어서서 그 외부성을 현재화하려는 노력 속의 위험한 희망인가 하는 문제 말이다.

당연히 아우슈비츠나 삼청교육대 속에서도 행복은, 그래서 희망은 있었을 것이다. 군대 속에서도, 고장난 혼인관계 속에서도 희망은 약동하고, 지구의 종말을 목도한다고 해도 사과나무 한 그

루를 심을 희망은 말할 수 있을 게다. 이광수처럼 일제 하의 행복을 강변할 수도 있고, 인혁당의 그늘 아래 조국 근대화의 행복을 노래할 수도 있으며, 생태와 환경을 모른 체하면서 강변江邊 소비자들의 미래적 희망을 기원할 수도 있겠다. '희망' 촛불을 켜고 불통의 정권을 나무라면서 먹을 만한 소고기를 먹는 세상을 바라는 것도 희망일 수 있고, 부당한 비정규직을 없애고 노동과 돈이 고르게 교환되는 세상을 위해 '희망'버스를 타는 것도 이 시대의 희망일 수 있을 게다.

그러나 나로 말하자면 이 모든 것을 감히 '희망'이라고 부를 수 없으며, 그렇게 부른 적도 없다. 세속적 체계 속의 갖은 어긋남과 그 상처들이 근본적인 종류의 것이라면, 거기에서 벗어나려는 의욕의 삶, 그 희망의 지평 역시 근본적인 것이어야 하기 때문이다. 아우슈비츠 속의 행복도 아우슈비츠의 것이며, 감옥 속의 법열法悅도 감옥의 것이고, 군대 속의 배움도 군대라는 체계가 규정한다. 안심安心 소고기를 먹을 수 있는 자유도 자본제의 것이며, 사납금을 없애고 완전월급제의 권리를 얻는 것도 필경은 영락없는 자본제적 세속의 단면일 뿐이다. 진보는 작은 것으로부터 시작되지만, 희망은 늘 근본적이어야 한다. 일상의 근본을 곤두쳐서 얻는 급진성에서야 외부성은 찾아오고, '희망'이란 바로 그 외부성이 번득이는 지평이기 때문이다.

세월 속에,
그러나
세월과 '함께'

나이가 들고 보니 심지어 '인생이란 일장춘몽'이라는 옛말도 손에 잡힐 듯 실감이 난다. 누구든 살아 있을 날이 줄어든다는 사실에 일말의 감회가 없진 않겠지만, 나이와 세월에 대한 감각은 주관적인 구석이 많아 일매지게 정리할 수는 없다. 내가 16세에 쓴 일기에는 '이렇게 오래(!) 살도록 아무 한 일이 없다'는 탄식을 내뱉고 있으니, 그 소감의 깜찍함이야 말할 것도 없지만 세월의 무상함과 인생의 허무함은 실로 제멋대로 진지한 것이다.

　우리는 세월 속에서 살아가지만, 그 '속'이라는 게 시계로 측정할 수 있는 객관적인 수치는 아니다. 각자가 살아가는 생활의 양식에 따라 세월의 속은 풍성해지기도 하고 빈약한 채로 남기도 하며, 곱기도 하고 거칠기도 할 것이다. 그러므로 우리는 세월 속에서 살아갈 뿐 아니라 세월과 '함께', 이를테면 그 세월을 스스로 만들어가며 살고 있기도 한 것이다.

유학 중에 내가 미국 시애틀에서 만난 한 중의는 자신의 나이가 120살이라고 우겼다. 겉보기에 예순이 채 되지 않은 듯해서 내가 사연을 캐물었더니, 그가 세월 '속에in' 든 나이는 불과 예순이지만, 그간 남과 다르게 살아 세월과 '함께with' 이루어온 나이는 최소한 그 두 배쯤은 되니 대략 120살로 친다는 말이었다. 요컨대 그는 그만큼 각근히, 풍성하게, 그리고 주체적으로 살아왔다는 뜻이었다. 당시 젊디젊었던 나는 '재미있는 영감님이군!' 하고 고소를 흘리고 말았지만, 그의 말은 이후 내가 내 삶의 시간을 조형하는 방식에서 한 가지 중요한 가리사니가 되었다.

'시간은 휙 지나간다time flies'고들 하는데, 참, 세월을 잡아둘 길은 없다. 시간 속의 존재인 우리는 다만 이를 깜냥껏 풍성하고 아름답게 살아낼 따름이다. '느리게 살기' 역시 피로한 자본제적 삶 속에서 하나의 유행을 이루어 다양하게 소비되고 있지만, '느려지는 것'은 시간이 아니라 오직 삶의 형식뿐이다. 그러므로 잡을 수 없는 시간을 잡아두려는 자, 반드시 삶의 형식과 그 형식이 펼쳐지는 매체들에 유의할 노릇이다. 술꾼들은 술에서 깰 때마다 되레 술의 시간에 되잡히고, 휴대전화를 품고 사는 자는 그 네트워크 속으로 질주하는 시간들에 얹혀 조급하게 살아가며, 농부들은 땅의 토착성Bodenständlichkeit과 천기天氣의 시간을 따라가는 법이다. 시간 속에서 시간과 함께 삶을 풍성하고 아름답게 살아내려는 이들에게 내가 심각하게 고려해볼 것을 청하는 매체는 대략 세 가지다. 첫째는 시간의 문제라면 으레 수반되는 켤레 개념인 공간, 정확히는 '장소place'다. 둘째는 거리(감)이며, 나머지 하나는 사물이다.

첫째로, 기능적이며 객관적인 공간space을 장소화하는 인간적인 노동을 통해 시간은 자신의 자리를 잡아간다. 나날의 피로함을 재생산하며 질주하는 도시의 시간이 매끄럽고 편리한 도시의 공간들과 긴밀히 상응하고 있다는 점을 살피면 장소화의 취지를 이해할 수 있을 것이다. 예를 들어 "장소에 친밀하게 거주하려면 필수적인 일의 반복적 수행이 필요하다"는 리 호이나키의 말이 그 요령을 압축한다. 혹은 "응당 장소란 오랜 시간에 걸쳐 평범한 사람들의 일상생활을 통해 형성되어야만 하고 그들의 애정으로 그 의미가 부여되어야 하기 때문이다"라는 L. 브레트의 말도 알짬이 된다. 그러므로 장소는 인간의 가없는 노동에 의해 공간들이 변신하는 과정이며, 이를 통해 시간도 바뀌는 것이다.

둘째로, 삶의 시간은 사람이 그가 관심을 두는 대상들과 맺는

'거리감'에 의해서 좌우된다는 사실을 깨닫는 것이다. 인간의 삶에서 피할 수 없는 조건인 환상들(예컨대 종교나 사랑이나 이데올로기 등)이 신神이나 연인이나 유토피아와의 거리(감)에 의해서 규정되는 것을 살펴보면 쉽게 납득할 수 있다. 마지막으로, 인간의 시간은 그가 부리거나 관여하는 사물들과의 관계 속에서 구체화되는 법이다. 나아가 이런 관계 속에 맺힌 시간(성)은 사물을 다루는 인간의 고유한 지혜를 드러내기도 한다. "니어링네the Nearings를 찾으면 지식이 기품 있게 응용된 예를 보게 된다. 안채, 바깥채, 농장, 어디나 형태와 기능 면에서 아름다움이 있다. 사물이 단순히 작동할 뿐 아니라 조화롭게, 훌륭하게 움직인다. 이것이 바로 지혜의 본질이다."(로날드 라콘테)

상인과
장인

「생활의 달인」과 같은 프로그램이 널리 인기를 누린 것은 시청자들의 삶이 온통 납작한 소비로 이루어져 있다는 사실과도 관련 있다. 가령 '프롤레타리아는 조국이 없다'거나 '여자는 조국이 없다'는 말에도 그 나름의 이치가 정연하다. 그러나 세계화에 말려든 오늘날 정작 조국이 없는 것은 소비자이며, 달達인이란 무엇보다 화폐 교환易이라는 손쉬운易 행위가 영영 넘볼 수 없는 어떤 온축과 그 도저한 지경을 가리키기 때문이다. '말은 쉽고 하기는 어려운易說難事' 소인 – 소비자의 세속에서 달인의 이미지가 지닌 그 대척적 악센트에는 낭만적인 호소력이 있다.

물론 소비의 달인들이 속속 등장하고 있기도 하다. 작은 차이들이 뿜어내는 '꼴'과 스타일을 향해서 자본은 개인들을 변덕스럽

자본과 영혼

게 몰밀어간다. 많이 먹게 만들고, 다르게 입게 만들고, 소문난 곳을 향해 내달리게 만든다. 모든 것을 팔고, 모든 것을 산다. 소비를 자아실현의 일종으로 격상시킨 이데올로기가 나온 지도 오래된 일이다.

세상이 온통 상인과 소비자로 이루어지기 전에는 어디에나 장인들이 있었다. 일리치 식으로 말하자면, '그때 사람들은 문화나 그 소비가 아니라 오직 삶의 현장에서 필요한 기술에 관해 말했다'. 자본주의적 기계화, 자동화의 물결에 마지막까지 저항한 이들이 장인이었다는 사실은 이미 사가의 상식 아닌가. '달인'이라는 (다소 시대착오적인) 이름의 장인을 향한 소비자들의 호기심이나 동경은, 자본과 기술에 쫓겨 추방당한 장인들의 낭만적 귀환이 아닐까? 그러나 이 귀환은 말 그대로 낭만적인 점點으로서만 존재할 뿐이며, 역시 자본과 매스미디어의 호응에 따라 상인−소비자의 세속에 재편입되면서 제 운명을 다한다.

가령 (조동일 교수도 탄식했듯이) 해방 이후 줄곧 한국의 대학들은 우리 고전과 한학의 장인들을 손쉽게 청산(?)해버린 채 아마추어 지식상에 불과한 이들을 다만 서양 말을 익히고 서양물을 먹었다는 이유로 대거 임용한 바 있다. 물론 그것은 이미 대중−소비자로 변신해가던 학생들을 위한 준비 과정이기는 했다.

그렇긴 해도 "귀족들을 법에 굴복시키지 않고 타도한 것은 개탄할 일"(토크빌)이랬듯이, 장인들을 법고창신의 어울림 속으로 재편하지 못한 것도 개탄스럽긴 마찬가지다. 예를 들어 잇쇼켄메이一所懸命를 외치면서 천하제일의 장인정신을 가꾸어온 일본과 달리 '한국적 시골'이 깡그리 박멸, 평준화되었고, 더불어 우리의 전통문화가 이벤트나 스펙터클로 형해화된 이유도 마찬가지다. 근대화의 성격과 품위를 나타내는 지표 중 하나는 그 사회가 귀족들의 어법에서부터 천민들의 재능에 이르는 장인적 개인들을 어떻게 대하는가 하는 데 있는 것이다.

만신 김금화씨는 평생을 멸시당하면서 살다가 이제야 '문화재'가 되어 조금 살기 편해졌다고 쓴웃음을 짓는다. 다림질을 하는 옷감 위로 안개보다 곱고 고르게 입으로 물을 뿜어내던 여인들의 신기神技는 내 기억 속에서도 아슴아슴 살아 있다. 동네 공터에서 합창을 하면서 군무를 추듯 하던 그 마을 계집애들의 고무줄넘기는 내 인생의 가장 아름답고 경이로운 장면으로 각인돼 있다. 시계 없이도 다만 하늘과 땅을 일별一瞥하는 것만으로 정확히 시간을 추정해서 알려주던 이상한 아저씨들을 나는 아직도 생생히 기억하고 있다. 그런가 하면 단숨에 천자문을 읊고 호랑이와 도깨비 이야기를 어제 일처럼 되살려내던 노인들의 구성진 입담을 어

자본과 영혼

디에서 다시 들을 수 있단 말인가?

　대중 아래 사람 없고 대중 위에 사람 없는 '대중의 시대'(오르테가 이 가세트)는 곧 소비자와 상인의 시대다. 사고파는 교환 시스템은 전 포괄적인 평등자가 되어 관련, 개입되는 모든 사람을 납작하게 만든다. 하지만 '팔아야 존재하는' 상인들의 세상 속에서 팔 수 없는 재능의 주인공들이 새삼 그리운 것은 다만 향수나 의고취미가 아니다. 세상의 모든 이치가 죄다 몸을 밑절미로 삼아 생성될 터, 제 몸의 한 갈래를 갈고닦아 끝장을 본 달인들의 삶 속에서 그 오래된 인간의 새로운 가능성을 읽어내는 일에 어찌 감탄이 없겠는가.

연극적
수행으로서의
삶

'근본주의'는 대개 병적 확신의 형태를 취한다. 그래서 인생에 관한 표지판들은 과신할 게 아니며, 우리는 그 속에서 그저 흔들리며 걸어가는 수밖에 없다. 무엇에 대해서든 확신은 이미 병적이므로, 확신을 선용하는 데에는 차라리 연극적인 거리감을 도입하는 게 현명하다. (나는 이를 오랫동안 '연극적 실천'이라고 불러왔다.) 예를 들어 골인을 시킨 후 땅에 꿇어앉아 기도하는 어느 축구 선수, 안식일 계율을 꼼꼼히 지키느라고 초인종조차 누르지 못하는 어느 유대인, 사랑을 명분으로 인질극을 벌이는 어느 애인은 연극적 레벨에서야 비로소 화평하고 아름다워지는 인생의 단막 單幕을 오해하고 있는 셈이다. (인질-극조차 다만 연극이어야 한다!)

자본과 영혼

열정도 냉소도 아닌, '연극적 신실함' 속에서 삶은 최고의 성취를 이룬다. 영웅들의 열정도 일부 지식인의 냉소도 내가 보기에는 오히려 사이버cyber적이며, 삶이라는 어울림의 지혜知和之明에 해롭다. 우리 인생에서 가장 아름다운 것은 죄다 연극(적)이다. 그리고 이 연극의 요체는, 자기 자신의 존재와 행위를 근본과 토대의 특권으로부터 겸허하게 물러서게 하는 것이며, 매시매사에 그 거리감을 잊지 않는 것이다. 이렇게 보자면 종교와 같은 것들, 사랑과 같은 것들, 강한 형식의 이데올로기적 태도와 정서들은 죄다 스스로 맹성猛省해야 할 문제아가 된다.

연극(적인 것)의 아름다움은 외려 제행무상(!)의 깨침 속에 있다. 그 의미에 강한 뜻이 없고, 그 성취는 봄꽃과 같이 아롱아롱할 뿐이다. 쉼 없이 지나가는 삶의 가치는 고집하거나 애착할 것이 아니요, 그 지나가는 사실에 대한 적확한 인정 속에서 지며리 생성시켜야 마땅하다. 바로 이 사실을 실천적 지혜 속에서 수용하는 것이 '연극적 수행으로서의 삶'이라고 할 만하다. 이 전망은 '바로 지금이 그때요 다른 때가 없는現今卽是更無時節' 새로운 의욕의 사회학을 제공할 수 있지 않을까? 애초 세상이 태초의 허공 속에서 생겼듯이 인간의 의욕 역시 무상과 겸허의 거리감 속에서 더불어 발아하는 것이다.

깊은 평화로움 속에 아름다운 것들은 죄다 연극적이다. 이미 극적 형식을 드러내고 있는 갖가지 문화–예술 형식이 그렇고, 한 손으로 환상을 누르고 다른 손으로 폭력을 제어하는 생활양식('정서'가 아니라)으로서의 사랑이 그러할 것이며, 삶의 길이와 해동 갑하면서 거칠고 허황한 인생을 슬기롭게 반려하는 종교 신앙이 또한 그러한 것이다. 물론 현실이 그렇지 않다는 것은 상식이다. 인류 문명사에 등장한 이 놀라운 연극적 실천의 성취들을 너무 '진한' 현실로 착각하는 순간 예술은 병이 되고, 사랑은 나르시시즘이 되며, 종교는 폭력이 되고 만다.

연극은 마치 아이들의 놀이처럼 제 깜냥으로 신실하고 진지하지만 무슨 확신의 토대를 갖는 일은 아니다. 이는 이 광대무변한 우주가 뜻이 없으면서도 화엄華嚴하고, 인생이 한 마당의 춘몽春夢에 불과하면서도 가치 있을 수 있는 것과 마찬가지다. 사람이라는 현상은 뜻과 의미 없이는 존립할 수 없지만, 바로 이 뜻과 의미를 생성시키는 방식에 의해 그 존립의 가치는 결정된다. 사람들의 행위와 어울림을 생략한 채 '객관적'으로 확보하려는 뜻은 이윽고 폭력의 진원지가 되는 법이며, 삶의 길과 틀, 전통과 전망을 도외시한 채 '주관적'으로 확신하려는 뜻은 망상에 이른다. 그러므로 확신의 부재가 곧 무의미나 무가치로 낙착하는 것은 아니다.

자본과 영혼

    (독일 동화 한 토막.) 보물지도를 손에 넣은 꼬마가 그 보물을 얻고자 길을 나선다. 멀고 험한 길을 지나가며 그는 사자, 독수리, 양, 낙타, 거북이 등의 도움을 받고 우정을 다져가면서 마침내 지도 속의 그 장소에 닿는다. 그러나 그곳 어디에도 보물은 보이지 않고, 대신 '현명한 올빼미'가 그들에게 나타나 일갈한다. "여러분은 이미 그 보물을 (찾은 게 아니라) 생성시켰습니다. 보물은 삶의 먼 바깥에 감추어진 게 아닙니다. 여러분이 이곳까지 오면서 어울려 이룩한 우정이 바로 참된 보물인 것입니다."

불안하십니까?

중세의 영주領主가 비단 양산 아래서 유유자적, 정오의 들녘에서 거칠게 여물어가는 농노들의 붉은 근육을 바라볼 때 얻는 감상感傷의 한 토막은, 바로 그들 신분이 의탁한 형이상학적·신학적 운명 때문에 영영 중세 속으로 묻혀버리고 만다. 그렇다, 무엇보다 '명예의 존재들'인 그들은 도대체 불안Angst할 수 없는데, 존재론적 위계ordo essendi 속에 생득적으로 배치되는 자연 속에는 결국 개인들의 자리가 없기 때문이다. 다 아는 얘기이지만, 바로 그러한 불안이 시작되는 것은 부르주아적 개인의 등장과 일치하며, 그 불안의 원인은 한마디로 관념의 진정성을 삶의 자리에 배치할 방도가 없기 때문이다.

그러므로 불안의 자리가 자유의 공간과 겹치는 일은 역사적

258

으로나 개인 실존적으로 보아 당연하다. 그러나 통속의 심리학에서 말하듯 자유의 공활空豁 그 자체가 현대적 실존의 불안을 잉태하는 것은 아니다. 이탈과 분열이 곧 불안이라는 오이디푸스적 가정은, 불안이 필경 성적性的 함의를 갖는다는 프로이트주의만큼이나 비현실적이다. 고쳐 말해보면, 심연深淵이 던져오는 공포는 단순히 심연이라는 부재 자체의 탓이 아니라 그 부재의 거울 효과를 통해 가능해진 자아의 존재에 대한 새롭고 직접적인 이해 때문인 것이다. 가령 『암흑의 핵심』의 커츠가 "무서워라, 무서워라"라고 절규했던 대상은 암흑의 핵심이라는 객관성이 아니라 그 빈 중심 속에 새롭게 드러난 자아라는 (끔찍한) 주관성인 것이다. 그러므로 자신의 내장이나 똥, 자신의 항문이나 성기, 자신의 해골이나 착각, 자신의 무의식이나 욕망, 자신의 계보나 역사적 지층을 직시하는 것은 아무래도 지식 이상의 문제가 되고 만다. 말하자면, 건전한 상식을 원한다면 오히려 외면해야만 하는 대상들은 기존 지식의 네트워크를 겉돈다. 사회화의 결절인 페르소나는 결국 자아의 진실에 도달하지 않으려거나 영영 유예하려는 일련의 자서전적 재서술 장치라는 상상적·상징적 무대 위에서 잠정적으로 조형된다.

그러므로 계몽주의자, 합리주의자, 자본주의자, 그리고 과학주의자인 부르주아–소비자 계층의 불안은 근본적으로 자기의(라는) 역사성 자체가 들쑤시는 존재론적 문제일 것이다. 이 계층을 도시민들, 혹은 그냥 서울 시민들이라고 고쳐 불러도 좋은데, 이들에게 '당신은 불안하십니까?'라고 묻는다면 대다수는 '도道를 믿습니까?'와 같은 덧없이 옹골진 물음쯤으로 치부할 테다. 그러나 "문화철학은 현존재를 포착하지 못한다"(하이데거)고 하지만, 이 문화文化·문화文禍의 시대에 실로 문화-비평은 모든 존재의 심연을 포착해야 할 것이며, 도시인의 은폐된 불안은 그 탐색에 더없이 좋은 매개다.

이렇게 보면, 지위 공포status panic의 갖은 사례에서처럼 덜 가졌기에 생기는 소외의 심리 따위는 오히려 진정한 불안을 은폐하는 문화적文禍的 호들갑에 더 가깝다. "소비자님, 아직도 낡은 ×를 사용하고 계십니까?"(?!) 그것은 사이비 차이들의 현란한 복합배치물 그 자체로 진화한 현대 도시생활의 시뮬라크르적 상응물일 뿐이며, 지구 전체의 증환症患에는 눈을 감은 채 마치 청계천의 수질이나 생태를 걱정하는 지랄知剌과 닮았다. 한나 아렌트는 나치 치하 지식인들의 내적 망명을 지적했지만, 문명화·근대화 역시 어떤 망명 상태이며, 특히 도시는 어떤 '정신'의 망명으로 가능해지는 '지능'의 체계다. 부르주아들의 관념론적 미봉이 감춘 불안을 적시했던 마르쿠제처럼, 채플린 식의 천진무구나 카프카 식의

자본과 영혼

울결鬱結로는 도무지 태부족이기 때문이다.

존재론적 특권의 지위 속에서 명예를 위해 살고 죽을 수 있었던 중세의 토호와 귀족들을 몰아내고 세운 도시는 그 도구적 근대성의 비용 탓에 불안을 먹고 살아가는 공간이 된다. 그것은 졸부의 불안과 그 형식에서 동일하며, 그 불안은 필연적으로 현재의 지위를 재생산하기 위한 자기차이화self-differentiation에 탐닉하게 만든다. 그러나 도시에 청계천을 '파노라마적으로'(벤야민) 이식한 것만으로, 아파트의 거실 속에 인공 정원을 조성한 것만으로, 죄의식의 진폭을 쫓아 사원寺院을 드나드는 것만으로 불안을 막을 순 없다. 도시의 불안은 도시를 치장하는 것으로 불식할 수 없으니, (호르크하이머 식으로 말하자면) 도시를 치장하는 짓 자체가 실은 도시의 불안을 가장 잘 드러내는 노릇일 따름이기 때문이다.

청계천이나 곳곳의 아케이드화로 대표되는 도시의 실내화는 도시의 과거와 외부에 잠복한 불안을 문화적文禍的으로 표상한다. 그 불안은 중산층 부르주아의 안정과 안전이 의탁하고 있는 조급하고 위태한 역사의 지층을 탐색한다. 구태여 불안을 느낄 필요조차 없다. 조만간 그 불안은 공룡 같은 실체로 우리 시야를 한껏 채울 것이기 때문이다.

말로 바꾼
세상,
시몬 드 보부아르

현대 여성주의 운동에 관한 한 우리 모두가 빚진 시몬 드 보부아르(1908~1986)의 비판적 시야 속에는 성역聖域이 없었다. 성역이 없다는 것은, 요컨대 잎이나 줄기만이 아니라 뿌리까지도 건드리겠다는 뜻이니, 그 성격상 이미 급진적으로 흐를 수밖에 없다. 현대의 사회운동에 관한 한 특별히 성역性域이 곧 성역聖域이었기에, 여성주의 운동은 더욱 급진적일 수밖에 없었고, 운동의 개척자라면 더욱더 그럴 수밖에 없었다. 어느 평자의 말처럼 사르트르가 그녀의 유일한 성역이었다고 하더라도, 정확히 짚자면 그 성역은 다름 아닌 사르트르의 '말/글'이었다. 이 점에서 보부아르의 여성주의는 '내 세계에는 성역이 없다'던 니체나 '신과 국가와 남자를 모두 거부하라'던 에마 골드만의 급진주의에 비하면 한결 현실적이다.

"여성은 다른 모든 인간처럼 자유롭고 자율적인 존재임에도 불구하고 남성들이 그녀로 하여금 스스로를 어떤 다른 신분의 인간, 타자라고 생각하도록 강요하는 세계 속에 살고 있음을 깨닫게 된다. 이것이 바로 여성이 처한 상황인 것이다."(보부아르, 『제2의 성』) 그러나 극히 흥미로울 뿐 아니라 그녀의 삶과 사상을 따질 때 안타깝게도(?) 꼭 감안해야 할 지점은, 보부아르가 정신적 자유로움을 추구하면서 굳이 그것을 사르트르의 말/글과 관련시킨 것이었다. 평소 보부아르는 꼭 한 가지만을 제외하고는 완전히 자유로운 생활을 누린다고 했는데, 그 예외가 바로 '사르트르의 사상(말/글)에 낙인이 찍혔다'는 사실이었다고 자인했다. 20세기 여성주의의 대모라는 시대의 걸물을 따랐던 많은 추종자에게 그 낙인은 지우거나 외면하고 싶은 여분의 것이었다. 그러나 보부아르는 사르트르의 천재를 수긍하거나 자신에 대한 그의 사상적 영향을 인정한다는 것이 남녀평등주의의 대의에 어긋난다고 생각하지 않았다. (이것은 여성주의자/여자 사이에서 보부아르를 계량하려는 호사가적 시도의 차원에서 헤아릴 수 있는 문제는 아니다.)

사르트르를 먼저 보내고 홀로 남은 보부아르는 죽기 몇 달 전인 1986년의 어느 날, 그 말 많고 탈도 많았던 둘 사이의 '계약결혼'이 그토록 오랫동안 생산적으로 지속될 수 있었던 이유나 열정이 바로 '말'에 있었다고 회고했다: "사르트르와 나 사이의 열정이 그토록 오랫동안 계속된 것도 아마 말 때문일 거예요." 하지만 사르트르 스스로『구토』(1938)가 보부아르 덕분에 태어난 작품이라고 공언했듯이 그의 말 역시 보부아르와의 관계에 힘입은 것이었다. 보부아르는 어떤 문제에 대해서든 솔직하고 힘차게 말하는 버릇을 잃지 않았는데, 훗날 보부아르가 세상을 떠들썩하게 만든 성역 없는 비판적 시각은 결국 그 버릇이 세상을 향한 태도로 진화한 것에 다름 아니었다.

보부아르는 열한 살 되던 해에 만났다는 그녀의 '진정한 친구' 엘리자베트 르 쿠앵('자자', 별명)에 대해 이렇게 회고한다: "나는 자자처럼 솔직하고 힘차게 말하는 사람을 한 번도 본 적이 없었어요. 자자한테는 점잖음 따위는 전혀 없었고 신성불가침한 화제도 없었어요." 남성중심적 사회에 대한 보부아르의 일관된 삶의 양식은 이 요절한 친구 자자의 태도를 좀더 발전적으로 잇는 것이었다. 그녀는 "여자들이 자신에 대해 나처럼 뚜렷한 주관을 갖는다면 남자들로 하여금 여성의 역할을 오해하게 만드는 자질구레한 뒷바라지를 하지 않게 될 것"이라고 말하곤 했다. 물론 그

자본과 영혼

주관의 방식이란 무엇보다 자신의 말을 지닌 채 남자들의 그림자를 넘어 직접 세상을 만나는 것이었다.

그 같은 태도의 어느 정점에서 보부아르는 운명처럼 사르트르의 말과 글을 만난다. 소르본 대학을 졸업하고 철학교수 자격시험에 통과한 1929년 무렵이었다. 역대 최연소로 합격한 이 시험에서 보부아르는 2등이었지만, 불행(!)히도 1등을 한 사람이 바로 사르트르였던 것이다. 이후 그들 관계의 기이한 명암과 굴절에 대해서는 익히 아는 바와 같다. 한편, 이 시기부터 그 소리beauboir/beaver가 닮은 탓에 얻게 된 카스토르Castor(비버)라는 별명이 그녀를 평생 따라다니게 된다. 어릴 때부터 말재간이 특출했던 보부아르는 열한 살의 자자와 스물한 살의 사르트르 사이에서 자신의 말과 개성을 얻어 세상 속으로 (그녀의 표현처럼) '초월'해나간다. 당대의 수많은 프랑스 지식인에게 사유의 틀을 제공했던 실존주의는 이미 그 자체로 '세상 속으로 나가는ex-ist' 방식이었고, 이후 그녀의 수많은 저작—『초대받은 여자L'Invitée』(1943), 『제2의 성Le Deuxième Sexe』(1949), 『레 망다랭Les Mandarins』(1954), 『위기의 여자La Femme Rompue』(1968), 『노년La Vieil-lesse』(1970) 등등—은 여성의 언어와 태도로써 세상을 향해 초월했던 삶의 결실이었다.

『제2의 성』에서 초월의 반대는 내재immnence라고 불리는데,

그것은 가부장제 아래의 여성들이 전통적으로 자신을 보전하던 수동적 방식을 가리킨다. 그쪽의 용어로 재서술하자면, 자율적 선택과 행동의 자유를 포기한 채, 혹은 그 포기의 문화에 순치된 채 '즉자적 사실성' 속에 빠져 있는 삶의 태도인 셈이다. 보부아르는 책의 앞머리에서 이 내재적 수동성을 세 가지로 대별하는데, 사랑과 종교와 나르시시즘이 그것이다. 이 셋은 사회적 전문성이나 객관적 관계가 아니라 애착attachments에 뿌리박은 행위다. 가정 주변에서 가사, 육아, 내조 등의 전통적인 정서노동에 붙박인 여성들은 근현대 사회의 직업적 분화·전문화에 뒤처지는 것이 당연하다. 그리고 일부 사회학자나 정신분석의들의 진단에 의하면, 뒤늦게 세상 속으로 '초월'하려고 의욕을 부리는 여성들마저 구습에 얹힌 채 우선 애착(정서노동)의 대상을 찾으려고 골몰한다. 그래서 애착의 징검다리를 얻지 못하면 아예 세상의 바다 속으로 초월해나가지 못하거나, 세상 속으로 나가더라도 그 애착 대상의 주변만을 서성거리곤 하는 것이다. 보부아르가 지적한 내재적 애착의 행위는 소재와 양태는 다르지만 성격이나 구조는 모두 동일하다. 말하자면, 이것들은 다 '그는 나만을 사랑한다'는 형식을 갖춘 자기애이거나 그 변형이다. 사랑이 오직 나만을 사랑하는 남자−사람을 상정하는 행위라면, 종교란 특별히 나를 더 사랑하는 남자−

신을 상정하는 행위이며, 나르시시즘 역시 오직 나만을 사랑하는 또 다른 (남성적) 자아를 상정하는 것이기 때문이다. 가부장제의 분업적 지배에 순치된 여성들은 이런 식으로 세상과 타인들에게 적극적·능동적으로 손을 내밀지 못하는 것이다.

그녀 스스로 "여자는 태어나는 것이 아니라 만들어지는 것"이라고 했듯이, 보부아르는 삶의 선택을 통해 그 자신의 여성을 스스로 만들어갔다. 실존주의든 여성주의든, 결국 그녀의 지적 관심은 자신의 운명을 스스로 조형하고 책임지는 새로운 주체로서의 여성을 잉태하는 것이었다. 그 새로운 자기 정체성을 구성하는 데 사르트르를 위시한 수많은 사람과의 상호작용이 주효했음은 말할 것도 없다. 그 상호작용이 사랑과 종교와 나르시시즘이라는 수동적 내재성을 넘어 양성평등의 새로운 여성상을 구성해낼 것이었다.

남성중심주의의 굴레 속에서 앵무새나 인형처럼 잡혀 지내던 수많은 여자를 '인형의 집' 바깥으로 초월하게 만들었던 보부아르마저 나름의 애착으로부터 완벽히 자유로울 수는 없었다. 짐작건대 이 사시斜視의 천재 사르트르가 동침한 여자는 수백 명에 이를 것이고, 보부아르는 그 10분의 1쯤은 될 듯하다. 보부아르는 사르트르의 성적인 대상이 아무리 많아도 크게 신경 쓰지 않았다. 하지만 사르트르가 보부아르의 동반자적 지위를 넘볼 만큼 지적인 여자와 어울릴라치면 그녀는 금세 공격적으로 반응하며 그 관계의 싹을 잘라내려고 했다. 마찬가지로 평생의 남녀관계에서 전통적 순응형을 적극적으로 거부했던 그녀였지만, 넬슨 올그런에게만은 예외적인 태도를 보이기도 했다. 전기작가 베어의 보고에 따르면, 보부아르는 "보부아르가 그토록 비웃었던 미국 여자들처럼 남자(올그런)의 요구에 영합하면서 그를 조금이라도 편하게 해주려고 안달을 부렸다".

20세기 최고의 철학자·수학자 중 한 사람인 러셀은 평생 자신의 삶을 주도한 세 가지 열정을 일러 사랑, 지식, 그리고 고통받는 이웃(약자)에 대한 헌신이라고 밝힌 바 있다. 사르트르는 난삽한 프랑스인답게 간결하게 자신의 일생을 정리한 적이 없지만 역시 그 같은 세 가지 범주로 대강 얼싸안을 수 있을 법하다. 물론 사르트르의 대사회적 헌신이 유명세로 버무려진, 겉보기보다는 관념적이었다는 단서를 달아야 하겠지만 말이다. 넓게 봐 보부아르도 마찬가지일 것이다. 거의 평생 동안 보부아르의 삶을 규정한 두 가지 열정은 글쓰기와 사르트르에 대한 동반자적 헌신이었다. 그리고 그 두 가지 열정을 통해 보부아르는 세상 속으로 초월해서 나갔고, 여성과 제3세계의 핍박받는 인민 등 사회적 약자를 위한

　　　　　　　　　　　　　　　　　자본과 영혼

관심을 지속적으로 실천으로 옮겼다. 그리고 그 모든 활동을 통해서 그녀는 자신의 말과 삶으로 새로운 여성의 모델을 제시했다: "그렇습니다. 여성이 본질적으로 남성과 다르다고 말하는 것은 남자들에게도 이익이 되는 일입니다. 여자들은 이제 더 이상 남자의 욕망에 의해서만 자신이 규정되도록 내버려두어선 안 되지요."

**날지 못하는 것은
운명이지만
날지 않으려 하는 것은
타락이므로**

한국적 근대화의 정점에 곧추선 우리의 우상은 파리다. 파리? 그래 파리다. 다산茶山은 사나이의 결기를 맹금猛禽에 비기기도 했지만, 체제에 순치되지 않는 야생은 모조리 구금되어 박제당할 것이 빤한 판국에 누가 애써 독수리 흉내를 내겠는가. 타율적 근대화의 병아리들과 천민/졸부 자본주의의 타조들 사이에서 왕따당하는 독수리가 어디 한둘인가. '깔끔이를 깔자'며 깔끔을 떠는 햄스터들의 세상, 혹은 기껏해야 시대와 간음하는 눈 붉은 토끼들의 세상에서 보라매인들 어디를 날며, 늑대라고 해야 무엇을 먹고 그 야성을 지킬까.

　곤충학자들에 의하면 파리야말로 지상 최고의 비행술을 자랑한다. 이 파리들은 오른손의 지배욕으로 가득한 균질의 회사인간들처럼 눈치 보기와 머리 굴리기의 술수만으로 한 시대를 풍미한다. 그것은 잽싸고 정확한 데다 집요하다. 인정사정 보지 않고, 하수구 속에서부터 천장까지, 서울역 지하도에서 63빌딩 전망대까지 전방위로 날아다니며 자신의 욕심을 채우고서야 그 까아만 오른손을 거두어들인다. 그들에게 비행은 오직 도구일 뿐이다. 아니, 오른손으로부터 시작한 그 몸 전체가 한갓 도구일 뿐으로 실존은 다만 사치이며 '의미'는 변명이다. 아무도 쳐다보지 않는 황금빛 날개를 제멋에 겨워 붕붕거리고, 쉴 새 없이 눈알을 굴려 사방을 살피며, 손발을 비비적대다가는 어느새 시체와 쓰레기를 찾아 놀라운 순발력으로 활공한다. 정백일심을 가꾸며 일행삼매一行三昧의 신실을 다하던 전설은 잊히고 오직 계교지심計較之心으로 자본과 체제 속을 순행한다.

산행으로 자주 찾는 뒷산의 어느 오솔길에 접어들면 어제 본 듯한 나비가 고작 그 길섶을 다시 오르락댄다. 불과 서넛이다. 파스텔로 그린 듯한 노란색에다 겨우 엄지손톱만 한 크기다. 헤르만 헤세가 찬양한 나비의 화려하고 찬연한 자태와는 별 상관없다. 필시 매일 날아다니며 나름의 생존에 부심하겠건만, 기우뚱거리며, 피터 한트케의 '왼손잡이 여인'처럼, 혹은 "왼쪽 날개가 약간 무거운 듯"(김승희) 날아다니는 폼이 영 초보 비행사다. 사이드나 부어

스틴의 표현을 빌리면 전문가적 보수주의가 아니라 '아마추어리즘의 개방주의'를 연상시키는 비행이다. 그러나 그 아마추어리즘은 이른바 '제2의 아이the second naivete'처럼 오히려 프로페셔널리즘을 넘어 다시 현실로 내려온다. 기껏 꽃과 꽃 사이의 활공이지만, 무릇 날개를 지니고 있는 존재로서 이들처럼 비현실적으로 흐느적거리는 종류는 없다. 오스카 와일드의 말처럼 이런 뜻에서 나비는 "원칙이 아니라 원칙의 예외를 위한 존재"라고 해도 좋을 듯하다.

이들에게 비상은 도구적 합리주의의 한 계기가 아니라 그 자체로 존재가 된다. 그것은 운명의 빗살로 그려놓은 존재의 무늬이며, 존재의 위의威儀가 성실을 다하여 겉으로 나타난 모습이다. 그것은 다산의 표현과 같이 복숭아나 살구씨처럼 속으로 가만히 숨어 있을 수 없는 우리 성정性情의 무늬인 것이다.

파리들은 한탕주의의 명수다. 그들의 생활은 한탕에서 한탕으로 끝없이 이어지고, 그 도구적 효율성 속에서 매사 최선을 다해 안정을 구한다. 그리고 틈나는 대로 날개를 뽑아 닦고 기름 치고 조이면서 다음 건수를 준비한다. 자본과 자본 사이로, 체제와 체제 사이로 날아다니는 그들의 수고는 대부분 그리 오래지 않아 보상을 얻고 인정을 받는다. 후쿠야마는 세상을 움직이는 추동력이 경제와 헤겔 식의 인정투쟁이라고 했는데, 이 추동력의 출처가 다름 아닌 파리들의 황금빛 날개다.

그러나 나비들은 경제와 인정투쟁 사이를 가로지르며 힘들여 날아간다. 그렇다고 그들이 손쉬운 타협이나 냉소에 파묻히는 것도 아니다. 그들은 '정신의 질긴 힘', 즉 키르케고르가 말한 아이러니의 힘으로 힘겹게 자가발전하며 비상한다. 그 자체로 존재의 빗살무늬인 비상을 위해. 날지 못하는 것은 운명이지만 날지 않으려 하는 것은 타락이므로.

자유,
개인들의
빛

살신殺身하도록 자유를 외친 세대를 기억한다. 자유를 쟁취하려고 부자유스레 살았던 그들을 떠올려보면, 타성과 무기력으로 눈앞의 자유조차 흘려버리곤 하는 우리의 모습은 안쓰럽다. 민족주의를 쉽게 기롱하는 내가 사이토 다이켄의 『내 마음의 안중근』이나 이기웅의 『안중근 전쟁 끝나지 않았다』 등을 굳이 찾아 읽고, 이 물러빠진 시대에 문득 확호불발確乎不拔의 강단剛斷을 동경하는 것에는 그런 아쉬움이 있다. 좋은 이웃, 그러나 나쁜 국민이 되려고 "나름대로 조용히 국가에 선전포고를 했던" H. D. 소로와 달리, 우리는 오히려 나쁜 이웃, 그러나 (적당히) 충량한 국민이 되어 체제에 순종하는 보상으로 소시민의 수동적 자유를 누리고 있는지도 모른다. 누구는, 팽팽한 활시위가 스스로 민망해지도록 자유의

적은 보이지 않고 그 자유는 방종으로 흘러 기어이 자조의 늪을 이룰 지경이 되었다고 고소苦笑한다. 하지만 조금만 시야를 넓히면 핏빛 싸움의 기억은 아직도 우리의 현실이다.

　20세기의 한국은, '쟁취'한 자유의 허실을 역설적으로 증명해주었다. 봉건의 사슬을 끊고도, 겸제拑制의 담을 헐어내고서도 스스로 부자유의 그물에 허우적대는 것으로 자유의 춤을 흉내 내는 이가 얼마나 많은가. 그리고 그 얄량한 춤사위에 무슨 이름이 그리 화려한가. 필경 자유는 포획할 수 있는 대상이 아니라 개인의 구체적인 생활 방식이며, 체제와 제도로써 유지하는 자유란 실로 빈소貧素하다는 사실을 뒤늦게 깨닫는다. 국가 관료가 주도하는 하향식 근대화나 군사독재의 국가주의만이 자유주의의 입지를 좁힌 것이 아니었다. 정작 중요한 사실은 나름의 생활 방식을 고집하며 자신의 무늬를 가꾸는 개인들의 계층이 너무나 얄팍했다는 것이다. 그나마 무시로 대중의 정서를 전유하려는 그 무지막지한 공동체주의 협박과 언론 권력의 회유까지 감안한다면, 길은 아직도 멀다.

　그 자리에 신神이 머물 수 있도록, 그렇게 살뜰히 묵히고 가꾸어진 삶의 형식이 없다면 '지속 가능한 자유sustainability of freedom'는 영영 찾아오지 않는다. 바로 그것이야말로 부끄러움을 잘 타는 손님인 자유의 이치다. 이것은 자율적 삶의 형식이 계발된 그 끄트머리에서 영성이 꽃핀다고 한 오스카 와일드의 말과 이어진다. 자유自由란, 말 그대로 자신의 내면에 근거를 둔 생물이다. 자유가 바람처럼 흐르는 사회를 위해서 진정한 개인주의가 그토록 절실한 이유가 바로 여기에 있다. 그리고 개인주의는 무엇보다 기량(!)이다. 가령 "자유, 개성, 연대"라고 혁명가들은 외쳤지만, 자유는 공포와 일치한다는 홉스 식의 자유로, 개성은 물성物性의 시세에 편승하는 것으로, 연대는 강권적 통합으로 귀결된 곳이 얼마나 숱한가. 그 굴절의 끝에 흔히 개인주의적 자유는 이기주의적 자유恣遊로 변질된다.

　"자유주의자는 사상과 이론의 경쟁을 폭력을 동반하는 '전쟁'으로 바꾸려는 좌우의 모든 극단주의를 적으로 삼는다."(유시민) 모든 전쟁은 개(별)성의 죽음에 다름 아니므로, 자유주의의 토양으로 개인주의를 힘주어 내세워야 할 것은 너무나 당연해 보인다. 그것은 J. S. 밀의 말처럼 단 한 사람의 생각이 인류 전체의 생각에 의해 억눌리지 않는 사회, 하버마스나 로티의 말처럼 "개개인의 왜곡되지 않은 의사소통의 결과"만이 우리의 장래를 결정하는 사회, 그리고 내가 줄곧 주장해왔듯이 "합리 이상(이하가 아니라)의 정리情理"를 염두에 두는 사회를 꾸려가기 위한 조건인 것이다.

　그러나 우리의 경우, 우선 정치적 자유주의의 역사도 일천하지만, 왕조사회의 전통적 공동체주의와 이어진 식민지의 상처받은 타자화의 체험, 그리고 전쟁과 개발독재의 집체주의로 인해 건실하고 자율적인 개인주의를 가꿀 수 없었다. 개인주의는 차분하고 내실 있게 소화되어야 비로소 공공의 합리와 덕德으로 꽃피는 법인데, 삭히기는커녕 제대로 삼킬 여유조차 없었으니 말이다.

　개(별)성을 최대한 발휘하면서도 어떻게 공공적 합리성을 고양할 수 있을까? 우리처럼 공공성과 공권력에 대한 사회적 신뢰가 온축되지 못한 여건 속에서 공적 실천들로 생활세계적 합리성의 토대를 건설해갈 수 있을까? 근현대 한국인들의 시민적 교양은 그 정도의 신뢰와 합리성에 도달할 정도가 되었을까? 아무튼, 따로 두면 그 매끄러운 이기심으로 낱낱이 반짝이다가도 한데 모으면 소금 뿌린 배추처럼 처져버리는 종류가 한국인이라면 자유주의 사회의 꿈은 요원할 것이다. 심지어 이 꿈이 눈부신 개인들의 움직임으로 드러날 때는 언제일까? 교의와 이념 등 경직된 정신의 제스처가 우스꽝스럽게 보일 때, 대화와 설득을 회피하려는 형이상학의 뒷문이나 힘의 장치들이 조롱받을 때, 개인들이 속 깊은 내면의 형식으로 저마다의 조도照度와 색깔로 빛날 때는 언제일까? 제아미世阿彌元淸(1363~1443)의 표현에 얹어 말하자면, 사회적 신뢰의 합리성이라는 '씨앗'이 그 언젠가 개인들의 자유라는 '꽃'으로 피어날 수 있을까?

자본과 영혼

책사策士와
보살,
'꾀'의 자리

촉한의 소열제 유비劉備는 임종 시 제갈공명의 재능이 위나라 조비의 10배라면서, 그의 사자嗣子인 유선이 군주로서 부적격하면 스스로 제위帝位를 차지하라고 유언한다. 인류사에 드러난 주군-책사의 관계가 한 정점을 치는 사례이며, 수어지교水魚之交의 신의가 마침내 이룩한 진경이다. 따르고 보좌하는 일이 어느덧 이끌고 지배하는 일의 너머로 빛나는 순간이라고 할까? 물론 공명은 칠칠맞지 못한 유선을 도우면서 선제에 대한 충신忠信의 도리를 다할 뿐이다. 감히(!) '모성謨聖'이라 불리는 장량張良은 유방을 도와 중원을 통일해서 한 황조를 세우지만, 거기서 멈추고 몸을 뺀다.

　책사가 단순한 학인과 다른 점은, 그가 '몸의 길'을, 세속의 현실을 최종심급으로 삼는다는 사실이다. 학인들이 관념에 치우친다는 것이 꼭 약점은 아니듯이, 거꾸로 책사들이 세속의 경륜과 꾀에 주력한다는 것도 반드시 질 낮은 행위는 아니다. 꾀바른 것이 흔히 약삭빠르거나 반지빠른 짓을 연상시키고, 근대의 과학적 합리주의에 의해 얄팍하고 소소한 것으로 폄하되긴 했다. 그러나 '꾀'라는 것이 미립이나 조짐처럼 비록 고매심원한 학식에 터하진 못했더라도 삶의 이치들을 현장성 있게 일러주는 표지판이자 방향타라는 점에서 결코 그 가치는 멸실되지 않았다. 과거 왕조 시대의 대학자들도 그들의 문집 곳곳에서 시중의 속담이나 격언을 사용한 것을 볼 수 있는데, 이처럼 인생의 이치에는 고비천심高卑淺深이 따로 없는 것이다.

오히려 우리가 2급의 지식인 꾀와 미립의 가능성을 새롭게 깨치는 순간, 책과 교실에서 익힌 학식의 진정한 가치가 드러나고 그 새로운 자리매김이 가능해질 것이다. 인문학적 담론들이 삶과 유리된 채 끝 간 데 없이 부랑하는 고질을 근치하려는 뜻에서도 잃어버린 일상적 삶의 지혜로서 꾀를 되살려보려고 한다면? 이론을 죽인 후에야 비평이 성립하는 것처럼, 말하자면 학술의 가지들을 현명하게 제거내고 나서야 비로소 책사의 '꾀'가 빛을 발한다. 옛말로 위기에 처해 변통하는 것을 '권權' 혹은 기機라고 한다. '권'은 어원으로 보면 저울질하는 것인데, 일의 대소와 앞뒤를 분별하

자본과 영혼

는 (일종의) 꾀를 가리킨다. 가령 『맹자』를 보면, 형수가 물에 빠져 죽게 되었을 때 손으로 그 몸을 잡아 살리는 것을 '권'이라_{嫂溺而援之以手是權}는데, 꾀의 의미와 성격은 그런 것이다.

꾀와 권權이라는 실천적 지혜에 정통한 책사류의 인간에 비길 만한 존재로서 보살菩薩을 음미해볼 만할 것이다. '위로는 보리를 구하고, 아래로는 중생을 교화, 제도한다_{上求菩提 下化衆生}'는 보살의 이상적인 존재 방식은 일견 꾀돌이의 인상을 주는 책사와는 그 격과 통이 달라 보인다. 그러나 자신의 일신을 돌보기보다는 외려 방향을 돌려 속세의 급한 불부터 끈다는 의미에서 보살행은 권權의 실천을 숨기고 있다.

보살이 권도와 꾀를 마다하지 않는 것은 그 존재 방식이 근본적으로 '매개'이기 때문이다. 오직 정도正道로써 존재를 증명하는 부처, 그리고 작란과 꼼수의 바다에 떠 있는 중산衆山, 이 사이에서 보살은 상구하화_{上求下化}의 두길보기 노릇으로 중층결정된 존재인 것이다. 이상과 일상 사이, 열반과 번뇌 사이, 정도와 사도邪道 사이에서 보살은 대의와 변통의 시중을 구하는 슬금한 지혜의 존재가 된다. 그리고 나로서는 이 지혜의 알속을 '꾀'의 새로운 해석 속에서 구하는 게 부적절하지 않다고 본다.

책사와 보살은 자신의 지혜(꾀)를 남들(주군과 중생)을 위해 사용한다는 형식에서도 닮았달 수 있다. 공부의 정도라면 위기지학爲己之學이지만 이들은 권도의 길을 택해 이른바 위인지학爲人之學을 추구하면서 우선 이 세속적 현실과 인간들의 길을 뚫어내며 '꾀'의 진정한 가치를 현시한다. 부처나 현군賢君이라면 내놓고 꾀를 부리지는 않을 것이다. 그러나 부처도 유마維摩의 변재를 기꺼워했고, 제갈공명이나 정도전의 꾀가 아니었다면 서촉과 조선을 얻지 못했을 것이다. 잘 돕고 쉬 물러나는 자리 속에서 학식을 넘어서는 '꾀'의 윤리가 생긴다.

찾아보기

찾아보기

작품명

자본과 영혼
© 김영민

1판 1쇄   2019년 5월 6일
1판 2쇄   2020년 4월 13일

지은이   김영민
펴낸이   강성민
편집장   이은혜
마케팅   정민호 김도윤 고희수
홍 보   김희숙 김상만 지문희 우상희 김현지

펴낸곳   (주)글항아리 | 출판등록   2009년 1월 19일 제406-2009-000002호

주소   10881 경기도 파주시 회동길 210
전자우편   bookpot@hanmail.net
전화번호   031) 955-2696(마케팅) 031) 955-1936(편집)
팩스   031-955-2557

ISBN   978-89-6735-627-9 03100

이 책의 판권은 지은이와 글항아리에 있습니다.
이 책 내용의 전부 또는 일부를 재사용하려면 반드시 양측의 서면 동의를 받아야 합니다.

이 도서의 국립중앙도서관 출판예정도서목록(CIP)은
서지정보유통지원시스템 홈페이지(http://seoji.nl.go.kr)와
국가자료종합목록 구축시스템(http://kolis-net.nl.go.kr)에서
이용하실 수 있습니다.(CIP제어번호: CIP2019014284)

잘못된 책은 구입하신 서점에서 교환해드립니다.
기타 교환 문의: 031) 955-2661, 3580

geulhangari.com